KB031815

누구보다도 눈부신 상상력과 건전한 판단력,

조건 없는 사랑과 멈추지 않는 행복,

우리가 함께 누리고 있는 놀라운 삶을 나누어준

나의 아들 로건에게 이 책을 바칩니다.

THE MILLIONAIRE MAKER
Original edition copyright © 2007 by Loral Langemeier

Korean edition copyright © 2022 by LIONBOOKS
All rights reserved.
This Korean edition published by arrangement with McGraw Hill LLC
through Shinwon Agency.

이 책의 한국어판 저작권은 신원에이전시를 통해 저작권자와 독점 계약한 라이온북스가 소유합니다.
저작권법에 의하여 한국 내에서 보호를 받는 저작물이므로 무단전재와 복제를 금합니다.

당신도 부자가 될 수 있다

1% 부자들의 12가지 부의 법칙

로럴 랭마이어 지음 | 김해온 옮김

The Millionaire Maker

라이온북스

이 책에 쏟아진 찬사들

나는 개인적으로 백만장자이거나 그 이상의 부를 소유한 사람을 여럿 알고 있다. 그들이 부자가 될 수 있었던 이유는 단 하나, 로럴이 도와주었기 때문이다. 이제 당신도 이 책을 읽고 백만장자 클럽의 일원이 돼라.

밥 프록터Bob Proctor 나폴레온 힐의 계승자, 전 세계 베스트셀러 『위대한 발견』(2008)의 저자

『당신도 부자가 될 수 있다』는 평범한 사람들이 자신의 경제적 미래를 계획하고, 신속하게 행동하며, 결과를 도출하는 놀라운 과정의 기록이다. 이 책은 당신의 모든 꿈을 이루는 방법을 보여준다.

브라이언 트레이시Brian Tracy 『백만불짜리 습관』 저자

로럴은 머리 아픈 이론을 자세하게 설명하고, 복잡한 차트를 만들고, 이런저런 법조항을 끝도 없이 늘어놓으며, 등골이 서늘해지는 리스크를 경고하지 않는다. 로럴은 말로만이 아니라 정말로 백만장자를 만들어낸다.

T. 하브 에커T. Harv Eker 『백만장자 시크릿』 저자

『당신도 부자가 될 수 있다』에는 당신이 한평생 쫓아다녔던 부의 고지에 다다를 수 있는 최단 코스가 그려져 있다. 이 책을 읽고 당신이 그토록 꿈에 그리던 부를 오늘 만들어내라.

마크 빅터 한센Mark Victor Hansen 『영혼을 위한 닭고기 수프』 공동 저자

대부분의 재정 설계사나 전문가들은 부자가 되기 위해서는 여러 가지를 준비해야 하고, 고도의 테크닉을 익혀야 한다고 말한다. 로럴은 아주 단순한 목표를 내세운다. 당신을 백만장자로 만들겠다는 것이다.

제이 콘라드 레빈슨Jay Conrad Levinson 『게릴라 마케팅』 시리즈 저자

『당신도 부자가 될 수 있다』는 그 누구도 상상하지 못했던 혁신적인 부 창출 프로세스를 당신에게 가르쳐준다. 이 책을 통해 당신은 스스로 부를 창출할 수 있는 새로운 열두 개의 기본 요소를 발견하게 될 것이다.

쳇 홈스Chet Holmes 쳇 홈스 인터내셔널 CEO

차례

프롤로그

사무실을 막 나서려는데 평소에 알고 지내던 방송국 프로듀서에게서 전화가 왔다.

"로럴, 재무 상담 프로그램을 해야겠어요."

"좋은 생각이네요."

나는 헤드셋을 하고 주차장으로 걸어가며 대답했다. 태양은 샌프란시스코 북쪽에 인접한 머린 카운티 언덕 위에 높게 걸려 있었다. 저녁 식사 전에 아들 로건과 함께 잠시 오토바이를 탈 수 있겠구나 잠시 생각했다. 프로듀서는 잠시 뜸을 들이다가 심각한 목소리로 말했다.

"그런데 문제가 있어요."

"뭐가 문젠데요?"

"1년간 TV 시리즈로 찍을 건데, 한 가족을 골라서 부자가 되게 도와주는 프로그램이에요."

"그런데요?"

"내 말 제대로 이해한 거예요?"

"부자가 되게 도와준다면서요."

"그런데 부자가 되는 법을 적당히 가르쳐주고 끝나는 게 아니에요. 출연자들이 TV에서 진짜 부자가 되게 하는 거예요."

프로듀서가 엄청난 일이라는 듯 말했다.

"그렇군요."

"전화 안 끊으시네요?"

"끊어야 하나요?"

프로듀서는 나의 차분한 대답이 예상 밖이라는 듯 당황한 목소리로 대답했다.

"그게, 저희가 유명한 재정 설계자 몇 분한테 쇼에 참여해달라고 부탁했거든요. 그런데 그분들은 사람들이 돈에 대한 관점이나 행동을 바꾸도록 해줄 수는 있지만 실제로 TV에서 단기간에 부자가 되게 하기는 어렵다고 하더군요."

"제가 애초에 이 분야에 발을 들여놓은 이유랑 비슷한 것 같네요."

"정말 할 수 있겠어요?"

"전 언제 어디서든 누구나 부자로 만들 수 있어요."

나는 자신 있게 대답했다. 프로듀서는 이 말을 듣고 묘한 목소리로 웃었다. 하지만 내가 진지하다는 것을 깨달았는지 곧 웃음을 멈추고 헛기침을 하며 다시 물었다.

"정말이에요?"

"물론이죠!"

내게는 부를 창출하는 간단한 전략이 있다. '부 창출 사이클 프로세스The Wealth Cycle Process'라 부르는 이 시스템은 자산과 소득으로 현금흐름Cash Flow을 만들어내는 방법이다. 이 시스템에서는 돈이 스스로 돈을 번다. 부채가 많더라도 일단 부 창출 사이클을 시작하면 상상했던 것보다 훨씬 빠르게, 원하는 모든 것을 얻고 재정적으로 안정적인 생활에 들어설 수 있다.

부를 창출하는 방법은 옛날부터 알려져 있었지만, 부자들은 굳이 시간을 내어 그 정보를 공유하려 하지 않았다. 당연하게도 그들에게는 그 정보를 외부에 알려줘야 할 의무도 이유도 없었던 것이다. 부자들이 부를 창출하는 법을 이해한다면 당신도 부자가 될 수 있다.

나는 네브래스카의 한 농가에서 태어났다. 매일 이른 아침에 일어나 허드렛일을 하기 위해 일찍 잠자리에 들어야 했다. 이렇게 반복되는 막막한 일상 속에서도 나는 부자가 되고 싶다는 꿈을 잃지 않았다. 하루라도 빨리 돈을 더 많이 벌어서 꿈에 그리던 나만의 삶을 살기 위해 하루하루 자신을 내몰았다.

그렇게 정신없는 일상을 보내던 중 나는 드디어 한 가지 진실을 알게 되었다. 부자가 되기 위해서는 단순히 열심히 일하는 것 그 이상의 무언가가 필요하다는 것이다. 그래서 나는 부자가 되는 방법을 생각하기 시작했고 결국 부 창출 사이클, 그러니까 부자들만이 가지고 있는 경제적 성공의 열쇠를 깨닫게 되었다.

이제 나는 꿈에 그리던 대로 충분한 돈을 가지고 있다. 그래서 가족과 친구, 내가 사랑하는 사람들과 충분히 많은 시간을 보낸다. 그리고 나 자신의 건강을 돌보며 나의 열정을 이끄는 일에 몰두하며 살아간다. 당신도 이러한 삶을 원하는가? 오직 당신 자신의 행복만을 위한 삶 말이다. 그렇다면 무엇보다도 돈이 필요하다. 부자들만이 남을 위해서가 아닌 자기 자신을 위한 삶을 살아갈 수 있다.

며칠 후 캘리포니아 오클랜드 외곽의 작은 마을에서 방송국 프로듀서는 나에게 첫 번째 방송분을 촬영할 수 있겠냐고 물었다.

“실제로 카메라를 돌릴 거예요, 로럴. 정말 괜찮겠어요?”

프로듀서가 근심스러운 목소리로 말했다.

“물론이죠.”

“이번에 참여할 가족은 빚도 있고 애들 엄마는 곧 일자리를 잃는다고요. 분명히 하고 싶어요. 6개월 동안 TV 시리즈에서 그 사람들을 부자가 되는 길에 올라서게 해주겠다고 했어요. 맞나요?”

프로듀서는 아직 불안해하고 있었다. 나는 그의 불안을 말끔히 날려주기 위해서라도 더 자신 있는 목소리로 대답했다.

“네, 그렇다니까요.”

“그런데 그게 어떻게 가능하죠?”

“그 사람들한테 8분간 질문을 8개 던진 뒤에 평생 적용할 수 있는 부 창출 계획을 짜줄 겁니다. 그게 1회분이에요. 그런 다음에 계획을 실행할 테고, 시리즈가 끝날 때쯤에 그 사람들은 백만장자가 되어 있을 거예요.”

“로럴, 시청자들은 이론 같은 건 싫어한다고요.”

“저도 마찬가지예요.”

내가 말했다.

“부 창출 사이클 프로세스는 이론이 아니고, 저는 대강 얼버무리는 얼토당토않은 방법을 제시하는 게 아니에요. 이 방법은 부자가 되는 실질적인 길이에요. 저는 아주 구체적으로 이 가족이 부 창출 사이클 프로세스를 밟아나가도록 할 겁니다.”

"하지만 시청자들이 자기도 할 수 있다고 느껴야 해요."

"문제없어요. 엄청난 빚더미에 올라앉은 사람이든, 저소득으로 혼자 아이를 키우는 엄마든, 허세 부리며 호화롭게 사는 남자든 데려오세요. 모두 백만장자로 만들 수 있어요. 이 방법은 사람들의 현 위치를 정확하게 찾아내서 완전히 새롭게 살아가게 해주는 겁니다."

"좋아요. 그런데 그 말이 사실이라면 다른 사람을 출연시킬 게 아니라 제가 직접 해봐야겠군요."

프로듀서는 조금 마음이 편안해졌는지 웃으며 말했다.

"물론 하셔야죠. 그럼 며칠 후에 뵐게요."

나는 프로듀서와 전화를 끊고 서둘러 사랑하는 나의 가족이 있는 집으로 발걸음을 옮겼다.

The Millionaire Maker

THE WEALTH CYCLE

1
부 창출 사이클

부자가 되기 위한 12가지 기본 요소

복권에 당첨되지 않더라도 평범한 사람이 백만장자가 될 가능성은 당신이 상상하는 것보다 훨씬 높다. 부유해지고 싶다는 욕망과 그렇게 되겠다는 확신이 있는 사람이라면 누구나 자신이 원하는 만큼의 부를 일궈낼 수 있다. 자신이 처한 현실을 분명히 인식하고 부자가 되는 방법을 알아내기만 한다면, 그리고 이를 실천해 나간다면 누구나 부자가 될 수 있다.

뻔한 말이나 판에 박힌 소리, 격려나 충고 따위는 하지 않겠다. 부자들 대다수는 우연에 의해서가 아니라 구체적이고 눈에 보이는 행동으로 부를 성취했다. 이 책은 그러한 부를 만들어내 백만장자가 되는 구체적이고 방법론적인 '행동'에 관한 이야기다.

당신이 어느 날 갑자기 누군가에게서 1만 달러를 받더라도 '부 창출 사이클'을 제대로 알고 있지 못하다면 1만 달러를 받기 이전보다 부자가 될 가능성은 별로 없다. 왜냐하면 곧 그 1만 달러를 모두 써버릴 것이기 때문이다. 아니 갑자기 큰돈이 생겼다는 기쁨에 그 이상을 써버릴지도 모른다. 대부분의 사람은 이렇게 부 창출 사이클이 아닌 '생활

소비 사이클'에 자신이 가진 돈을 전부 소모하며 살아간다.

생활소비 사이클에서는 대부분의 수입이 일회성으로 사라지는 것에 소비되어 없어지므로 결코 부를 축적하지 못한다. 그리고 대개는 신용카드 덕택에 돈을 벌기도 전에 사용해버린다. 이와 반대로 부 창출 사이클에서는 수입이 자산, 곧 수입원에 사용되어 현금흐름을 만들어내고 부가 축적된다.

부유한 상태와 부유하지 못한 상태의 차이는 부 창출 사이클을 따라가는가, 아니면 생활소비 사이클을 따라가는가에 달려 있다. 연간

손익계산서

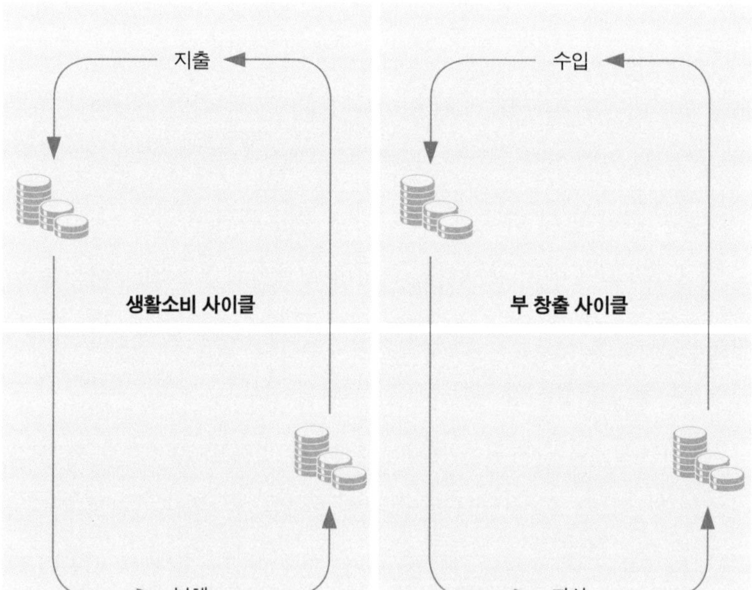

대차대조표

1만 4,000달러를 버는 사람이 부 창출 사이클을 이해한다면, 연간 100만 달러를 벌면서 생활소비 사이클을 따라가는 사람에 비해 부를 축적하고 유지할 확률이 두 배는 높다. 따라서 당신에게 1만 달러가 갑자기 생긴다면 물론 기쁜 일이겠지만, 그보다는 부 창출 사이클을 배우는 편이 훨씬 나을 것이다.

부 창출 사이클은 자산을 늘려서 현금 창출원을 만들어내고, 이를 다시 자산에 투입함으로써 꾸준히 소득을 늘리는 법을 보여준다. 당신은 이러한 방법을 통해 재산을 늘리고, 생활규모를 확장할 수 있다. 지출을 줄이고 극도로 절약하며 숨막히게 살아가라고 말하는 전문가는 너무나 많다. 하지만 이건 참으로 끔찍한 소리다. 나는 아침에 라떼 한 잔을 즐기면서도 부를 축적할 수 있다고 말하고 싶다. 부채가 엄청나게 위압적으로 느껴지더라도 겁먹을 필요는 없다. 부 창출 사이클을 따라가다 보면 부채는 점차 줄어들고 부는 점차 쌓여갈 것이다. 이것이 부자들이 하는 방식이고 당신도 그렇게 해야 한다. 1991년에 9억 달러라는 부채를 지고 있던 시절에도 도널드 트럼프Donald John Trump는 생활 규모를 줄이고 부채를 없애는 데 집중하지 않았다. 대신 부를 재건할 길을 찾았고, 그것이 곧 부채를 뛰어넘으면서 도널드는 역사상 가장 큰 역전승을 거뒀다.

재정 전문가들은 생계를 유지하려고 애쓰는 정직한 사람이지만, 그들이 수수료를 계산하며 보수적인 성향을 보이는 것은 어쩔 수 없는 현상이다. 고객 돈을 안전한 계좌에 넣어두는 편이 그들에게는 이롭기 때문이다. 그러나 그 안전한 계좌도 이제는 그다지 안전하지 않다. 때로는 기업 총수 몇 사람이 주식시장 전체를 뒤흔들기도 하고, 테러 행위나 신흥 시장의 불안정과 같은 요소들 때문에 주식 시세가 곤두박질치는 경우도 있다. 연금은 부족하고 사회보장은 마음이 놓이지 않으며, 퇴직 계획은 예상치 않았던 일로 갑자기 물거품이 될지도 모른다. 안전하고 보수적이라 여기던 모든 전략이 이제는 안전하지도, 보수적이지도 않다. 누군가의 손에 자신의 재정 계획을 맡기는 일이 제일 위험천만한 행동이 될 때도 있다.

미국은 독창력, 지략, 팀워크, 리더십이라는 원칙을 토대로 건국되었다. 군주에게 책임을 떠넘기는 일은 지양했고 책임과 도전을 장려했다. 그러나 지금 부를 창출하는 방법을 아는 사람은 미국 전체 인구의 7%도 안 된다. 그에 대해 학교에서 가르치는 과목도 없고, 부모로부터 물려받은 부자 안내서도 없으며, 자산 관리자들이 자기가 돈 받고 하는 일이 뭔지 고객에게 알려줄 이유도 없기 때문이다. 부자가 되겠다는 결심을 했다면 이제 스스로 부자가 되는 방법을 터득해야 한다.

우리는 언제 어떤 상태에서든 돈을 많이 벌겠다고 결심할 수 있다. 부 창출 사이클 프로세스는 상황에 무관하게 적용할 수 있다. 상당한 순자산Net Worth이 있어서 수익을 높일 방법을 찾고 있든지, 엄청난 빚더미에 앉아 있어서 직장을 그만두지 못하지만 돈 걱정일랑 영원히 날려버리고 싶든지 이유는 중요하지 않다. 당신은 백만장자, 혹은 그 이상이 될 수 있다. 당신이 누구고 어떤 위치에 있든 부 창출은 충분히 가능한 일이다. 그저 꿈을 이루기 위한 믿음과 책임감만 있으면 된다.

모든 이의 삶이 자신에게 특별하듯이 모든 이의 부 창출 계획도 사람마다 달라야 한다. 하지만 그 기본은 모두 동일하다. 부 창출 사이클 프로세스는 자신의 구체적인 조건이나 목적에 따라 고유한 방식으로 적용하게 될 12가지 기본 요소로 구성된다.

1. 상황분석Gap Analysis : 자신의 현 위치에서 목적지까지 가는 지도를 만들어주는 혁신적인 재정 모델이다.
2. 재정 상태 요약Financial Baseline : 현재 재정 상태를 기본 손익 계산 형태로 작성하여 수입과 지출을 적고, 대차대조표에는 자산과 채무를 적어보는 과정을 뜻한다.
3. 자유의 날Financial Freedom : '120일 계획'으로 시작하여 백만장자가 된 후에도 지속되는 목표가 모두 달성되는 날이다. 이 책에서는 '1년 안에 달성할 경제적 목표'라는 의미로 사용된다.
4. 부채 관리Debt Management : 부 창출에 가장 장애가 되는 소비자 부채를 제거해주는 5단계 부채 정리 계획을 의미한다.
5. 법인Entities : 트러스트Trust, 조합Partnership, 주식회사Corporation들이 의회에서 기업들을 보호하고 사업을 육성하려고 만든 면세 전략을 활용하여 부를 보유하기 위해 만든 조직이다.
6. 현금 창출원Cash Machine : 부 창출 사이클에 속도를 더해주는 연료로 적법한 사업에서 개인의 능력에 따라 얼마만큼을 창출할 수 있는지가 결정된다.
7. 부 창출 계좌Wealth Account : 수입의 일부를 지속적으로 투자하여 자신에게 먼저 베풀라는 개념을 뜻한다. 이 돈을 WAPP, 부 창출 계좌 우선 지급금Wealth Account Priority Payment이라고 한다.
8. 예측하기Forecasting : 수입, 지출, 자산, 부채와 그 숫자들로 세법을 최대한 활용하는 방법을 예측하는 일이다.

9. 자산 배분Assets Allocation : 부 창출 사이클이 돌아가게 해주는 자산소득이 생기도록 다양한 방식으로 자산을 직접 배분하여 투자하고 그 내용을 기록한다.

10. 리더십Leadership : 당신은 반드시 부 창출 과정을 리드하는 법을 배워야 한다. 일부는 위임할 수도 있겠지만 부 창출 프로세스를 당신보다 더 잘 추진할 사람은 없다.

11. 팀워크Teamwork : 전문가팀을 짜서 전략을 세우고 시행하며 목표에 도달하도록 도움을 받아야 한다. 부 창출은 팀 스포츠다.

12. 사고방식 조정Conditioning : 경제적인 사고방식으로의 전환을 의미한다. 무엇이 효과적인지 경험하고 부 창출 계획을 따라가도 되겠다는 자신이 생기면 돈을 긍정적이고 건전한 사고방식으로 바라보게 될 것이다.

부 창출 사이클을 시작하려면 각 구성 요소를 하나하나 신경 써야 한다. 각 요소는 유기적으로 연결되어 있기 때문이다. 항상 '상황 분석'을 추적하여 자신의 현 위치(재정 상태 요약)에서 원하는 곳(자유의 날)에 어떻게 하면 이를지 인식해야 한다. '부채 관리'를 항상 적용하여 소비자 부채가 있거나 발생하면 그것을 먼저 제거하면서 동시에 부를 창출해야 한다. 그리고 이 말은 당신에게 사업체, 곧 '현금 창출원'이 있어서 부 창출 사이클이 돌아가게 할 돈이 생겨난다는 뜻이다. 적절한 '법인'으로 비용을 적절히 제어하면서 늘 '예측'해야 한다. 항상 투자 용도로만 쓰는 '부 창출 계좌'에 수입 일부를 할당해야 하고 '자산'을 배분하고 투자하여 거기에서 자산이 더 늘어나게 해야 한다. 이런 모든 일에서 '리더십'과 '팀워크'를 활용하고, 사고방식을 항상 점검한다. 다시 말해 '사고방식을 조정'해야 한다.

사람들이 부 창출에서 가장 흔히 저지르는 실수는 적절한 일을 엉뚱한 때 하는 것이다. 예를 들자면 부 창출을 시작하기 전에 빚을 모조리 갚아버리는 일이 그렇다. 부 창출 사이클에서는 먼저 5단계 부채 정리 계획을 시작하면서 동시에 부를 창출하기 위해 부 창출 계좌를 만든다.

또 사람들은 개인연금 계좌 IRA(Individual Retirement Account. 미국에서 실시하는 세금 혜택이 있는 연금제도, 상원의원 윌리엄 로스William V. Roth의 이름을 따서 만든 로스 IRA 등이 있다)에 넣는 돈을 최대한 늘리고 순가치 Equity(다양한 의미로 해석이 가능하지만 여기서는 부동산에서 담보금액을 뺀 가치)를 모조리 집에 묶어둔다. 나중에 알게 되겠지만 이것은 엉뚱한 때 엉뚱한 일을 하는 경우다. 부 창출 사이클에서는 곧바로 직접 자산 배분으로 뛰어든다. 다른 상담자들은 이것이 무책임하다고 말할지 모르겠지만, 나는 당신이 최대한 많은 현금을 끌어내서 당장 투자하여 부 창출을 시작해야 한다고 믿는다. 두려움 속에 살면서 안정된 투자처에 돈을 최대한 많이 넣으라고 조언하는 이들은 사실 부를 축적하여 백만장자가 되는 데 방해가 된다.

다음은 상황 분석과 함께 체크해야 할 여덟 가지 질문이다. 이 질문들에 답하면서 부 창출 사이클의 기본 요소 12개를 어떻게 정렬할지 찾아내야 한다.

1. 월수입은 얼마인가?

2. 월 지출은 얼마인가?

3. 어떤 자산이 있는가?

4. 어떤 부채가 있는가?

5. 그밖에는 무엇이 있는가?

6. 당신은 무엇을 원하는가?

7. 돈을 벌기 위해 어떤 기술을 사용하는가?

8. 부 창출 사이클을 만들어 시행할 뜻이 있는가?

부 창출은 역동적이고 지속적인 과정이고, 당신은 각 기본 요소를 계속해서 신경 써야 한다. 부 창출 사이클에서 몇몇 기본 요소는 다른 요소에 비해 한결 재미있고 흥미로울지 모르지만, 모든 요소가 다 필요하고 시행 가능한 것들이다.

부 창출 사이클의 기본 요소 12개로 당신은 돈을 통제하고, 평생 재정 계획을 세우는 데 도움을 받게 될 것이다.

GAP ANALYSIS

2
상황 분석

백만장자로 가는 부 창출 지도 만들기 I

프로듀서랑 대화한 지 며칠 후에 나는 노련한 재정·투자 코치들로 구성된 팀원 몇 명과 함께 차를 몰고 캘리포니아 오클랜드로 레너드 가족을 만나러 갔다. 차에서 내리는데 마치 내가 존 웨인이 되어 구원의 손길을 기다리는 작은 마을로 들어가는 느낌이 들었다. 우리는 성큼성큼 걸어가며 레너드 가족의 경제적 좌절, 그리고 자신이 실패자라는 인식과 맞설 태세를 갖췄다.

메리와 마이크 레너드는 프로듀서가 말한 그대로였다. 부부는 똑똑하고 역동적이었으며, 자신의 재정 상태를 진지하게 받아들이고 싶어 했다. 저축한 돈도 조금 있고 집값도 조금 올랐지만, 신용카드 빚이 있었고 봉급은 들어오는 대로 나갔고 고교에 다니는 두 아들은 대학에 가고 싶어 했으며 재정 계획이라고는 없었다.

그들 가족과 조금 가까워지고 아이들과 이야기도 해보고 집도 둘러본 뒤에, 레너드 가족이 평생 써먹을 재정 계획을 짜는 데 도움이 될 질문 여덟 개를 던질 차례가 되었다. 나는 그림판으로 가서 질문들의 개요도, 즉 상황 분석도를 그렸다.

도표 아랫부분에는 현재의 재정상태 요약이 있다. 위에는 1년 후 자유의 날 목표를 적는다. 가운데를 보면 부 창출 사이클을 만들어 자산소득과 현금 창출원에서 나오는 지속적인 수입으로 자산을 늘리고, 이로써 다시 더 큰 자산을 만든다.

메리와 마이크는 흥미를 보이면서도 걱정스러워했다. 메리의 가장 큰 걱정은 직업을 잃어버렸다는 것이었다. 나는 메리에게 진심으로 충고했다.

"일을 그만두는 건 무엇보다 좋은 일이에요."

"정말요?"

"당연하죠, 더 급박해져 정신이 번쩍 날 테니까요."

"하지만 당장 생활비가 부족한데 직장에서 쫓겨났다고요. 다른 데를 알아봐야 해요."

"직장에는 다시 들어가지 마세요."

"그래도 되나요?"

"네."

내 말이 끝나자 메리는 울먹이기 시작했다. 메리는 언제나 일했었다. 적어도 9시에서 6시까지는 돈 버는 데 써야 한다고 믿었다. 연민이 느껴졌다. 나도 비슷한 처지였었던 까닭이다. 나는 매우 보수적인 중서부의 대가족에서 자랐다. 콩밭에서 잡초를 뽑든, 소나 양이나 돼지나 닭이나 토끼를 돌보든, 언제나 틀림없이, 흔들림 없이 그 신화를 따르고 있었다. 메리 레너드가 지금까지 따르던 그 신화, 힘들게 일해서 돈 벌라는 신화를 말이다.

성장 배경을 고려할 때 내가 이렇게 생각하게 된 것도 어찌 보면 당

1년 후 자유의 날 목표

수입

자산

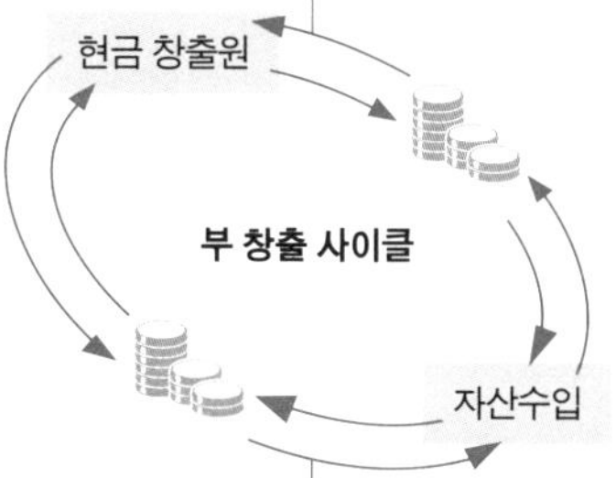

재정 상태 요약

세전 소득:

지출:

기술:

자산:

부채:

연한 일이다. 나는 돈도 거의 없고 어린 10대 부모에게서 태어났다. 아이였을 때 아는 사람 중에 부자라고는 없었고, 그렇다고 내가 아이비리그 대학에 가거나 컨트리클럽에 인맥이 있는 것도 아니었다. 내게 있었던 것, 부모가 내게 물려준 것은 오직 근면함뿐이었다. 나는 어릴 적부터 돈을 벌려고 열심히 일하면서 가족 농가 사업을 도왔다. 열일곱이 되었을 때는 건강 트레이닝 회사를 차렸고, 열아홉이 되어 대학에 다니는 동안에는 기업체의 건강과 인력을 전문으로 다루는 사업을 시작했다. 나는 계속 공부해서 재정, 인력, 운동 생리, 조직 심리학 학위를 받았고 여러 면에서 꽤 좋은 경력을 쌓았는데, 대규모 정유 회사에서 직원으로 시작하여 나중에 컨설턴트가 되었고, 그런 뒤에 현재 하는 부 창출 교육과 도움에 대해 배웠다.

나는 늘 서른다섯이 될 때까지 백만장자가 되겠다고 계획했지만, 혼자 아이를 키워야 할 처지가 되자 그 계획에 새로운 의미가 부여되었다. 아이를 길러야 한다는 다가올 책임에 공포를 느낀 나는 임신한 상태에서 사업과 재정과 개인적인 삶에서 더 성공하려고 온 힘을 쏟아야겠다고 결심했다. 그리고 정말로 그렇게 했다. 임신 6개월로 서른네 번째 생일이 2주 남았을 때, 내 순자산은 100만 달러를 넘어섰다. 나는 메리와 마이크 레너드 부부에게 그들도 나처럼 하겠다는 다짐이 필요하다고 했다.

"운이 좋으시네요."

마이크가 말했다. 나는 웃으며 대답했다.

"맞습니다. 풍요는 어디에나 있는데, 부자가 될 기회를 활용하는 사람이 거의 없다는 게 충격적이죠."

나는 메리를 쳐다보았다.

"직장은 다시 들어가지 마세요."

"정말 그래도 될까요?"

나는 고개를 끄덕였다.

"사람들은 대개 부유해지기를 바라죠. 그렇죠?"

내가 말하자 부부가 고개를 끄덕였다.

"하지만 그러려면 행동해야 해요. 소파에 누워서 TV나 보고 군것질이나 하면서 백만장자가 될 수야 없죠."

나는 가만히 기다리는 사람이 진정한 부를 누리게 되는 사례를 본 적이 없다. 부유한 사람들을 보면, 그러니까 세세손손 부를 이어나가는 사람들을 관찰하면, 그들이 활발하게 움직이는 인간이라는 점을 알게 된다. 사실 이들은 가만히 앉아 있는 경우가 드물다. 나는 책임지고 싶지 않거나 '그 많은 일'을 하기 싫어서 부자가 되기를 두려워하는 사람을 수도 없이 보았다. 게다가 돈을 벌려면 책임감과 행동이 필요하다는 건 맞는 말이다. 그래서 나는 항상 이렇게 말한다.

"선택은 당신 몫이에요. 성가신 일들을 해내든지, 평생을 가난하게 살든지."

"우리는 할 겁니다."

마이크가 자신 있게 말했다.

"일하는 법은 알아요. 하지만 메리가 직장이 없는데 일자리를 구하지 말라고 하니까 조금 겁이 나는 것 같아요."

내 말에 메리가 웃었다.

"이제 정말 끌리는데요."

마이크가 고개를 끄덕이며 말했다.

"하지만 거북하지 않으면서 성장할 수 없겠죠."

나는 맞장구를 치며 말했다.

"바로 그거예요. 미지의 것에 대한 불안과 노력해야 한다는 조건 때문에 대개는 자기가 아는 것에 안주하면서 더는 노력하지 않아요. 짧게 보면 그쪽이 마음이 편하죠. 하지만 길게 보면 그건 늘 똑같은 날의 반복이에요. 수입은 너무 적고, 쓸 곳은 너무 많고, 신용카드 대금에, 계획은 없죠."

"우리처럼요."

마이크가 말했다.

"그런 사람은 많아요. 정말 안타깝죠. 일단 부 창출 사이클을 시작하면, 스스로 탄력이 붙어서 상상보다 훨씬 빠르게 부가 생성되거든요."

"멋져요."

메리가 말했다.

"굉장하죠."

내가 답했다.

"부 창출 사이클에 참여하는 의뢰인들은 다들 입을 모아 그런 말을 해요. 자신이 평생토록 그걸 하지 않았다는 사실을 믿지 못하게 되죠. 예전 방식으로 돌아가려고 생각한 사람은 한 명도 없었어요."

"전 하겠어요."

메리가 기운 넘치는 목소리로 말했다. 하지만 마이크는 아직 확신이 없었다.

"노력하고 싶지 않다는 게 아니에요, 로럴. 단지 뭔가 잃고 싶지가 않아요."

"저도 두 분이 뭔가 잃는 건 싫어요. 제가 본 최악의 사례는 예순 살 되신 남자분이었는데, 제 사무실에 들어올 때 이미 모든 걸 잃은 상태였죠. 대규모 항공사에서 파일럿으로 35년간 일하면서 항공사 연금제도에 수입을 맡겼는데 항공사에서 연금제도를 없었던 거로 하겠다고 발표하는 순간 백만 달러가 넘는 돈을 날려버렸어요. 그런 걸 보고 보장이라고 하다니."

묵직한 뭔가가 마이크의 가슴을 내리눌렀는지 마이크는 크게 한숨을 쉬면서 소파에 기댔다.

"무슨 새로운 이야기를 하는 게 아니에요, 마이크."

내가 말했다.

"엔론Enron 사태(미국 7대 기업이던 엔론이 하루아침에 망하면서 직원 수만 명이 연금을 받지 못하게 되었고, 주식이 수십 달러에서 1달러 이하로 곤두박질쳐 일반 투자자들에게 엄청난 피해를 안겨주었다)가 일어나기 한참 전에도 연금제도가 안전하거나 완벽하게 보장되는 것이 아니라는 점은 다 알려진 사실이었어요. 연금뿐이 아니죠. 2004년에 일어난 뮤추얼펀드Mutual Fund 사건을 보세요. 뮤추얼펀드 대다수가 실제로 시장 평균보다 이윤이 낮은 건 고사하고, 이제는 투자 원금을 지킬 수 있는지도 의심스러워졌어요."

"그러면 사회보장제도는 어떻게 될 것 같아요?"

메리가 물었다.

"그거예요. 보장이 실제로 뭔지 봅시다. 저는 부 창출이란 말이 우리 스스로 책임진다는 뜻이라고 생각해요. 그러면 적어도 우리가 통제할 수는 있죠. 돈이 어떻게 되고 있는지 아니까요."

"그게 가능한가요? 투자에 대해서는 일자무식인데."

"배우면 되죠. 그렇게 어렵지 않고 재미있어요. 무엇보다 좋은 소식은 생각보다 배우기가 쉽다는 점이에요."

아이들이 바깥에서 들어와서 레너드 부부 옆에 앉았다. 레너드 가족이 평생 활용할 부 창출 계획을 만들 때가 되었다.

8분간 질문 8개로 평생 부 창출 계획 짜기

'8분간 질문 8개에 답하기'는 백만장자가 되기 위해 자신의 현 상태를 파악하는 첫걸음이다. 부 창출 사이클의 모든 기본 요소는 여덟 가지 질문과 연관되지만, 질문마다 특정 요소가 다른 요소보다 강조된다. 중요한 요소는 질문 바로 아래에 그림으로 표시해두었다.

질문 1 : 월수입은 얼마인가?

상황 분석	재정 상태 요약	법인	사고방식 조정

레너드 부부는 두 아들을 쳐다보았고, 나는 이들이 아이들 앞에서 그런 이야기를 해도 좋은지 망설이고 있음을 감지했다.

"돈에 대한 대화는 너무 오랫동안 금기시되어 왔어요."

내가 말을 꺼냈다.

"이제는 터놓고 이런 이야기를 해서 돈에 대해 도움도 받고, 배워서 아이들에게 가르쳐줘야 할 때예요."

메리가 끄덕였다.

"저는 1년에 2만 5,000달러를 벌고 이이는 5만 달러를 벌어요."

내가 이 질문을 하면서 원하는 답은 세전 형태, 그러니까 세금을 내기 전에 벌어들이는 돈에 대한 정보다. 또한 사업에서 소득이 얼마나 되는지도 알아야 한다.

상황 분석에서 가운뎃줄을 소득Income이라 하지 않고 수입Revenue이라고 한 이유는 앞으로 부 창출 계획을 짜면서, 세금 내기 전 금액을 개인의 경우처럼 세전소득 혹은 총소득이라 하지 않고 사업체가 하듯 수입이라 할 것이기 때문이다.

세상에는 두 가지 세금제도가 있다. 하나는 가난하고 교육받지 못한 사람들을 위한 제도다. 사람들은 재정을 설계할 줄 몰라서 한 해에 수십억 달러를 초과 지급한다.

돈을 번다 → 세금을 낸다 → 돈을 쓴다

또 하나는 부유하고 교육받은 사람들을 위한 제도다. 이들은 불필요한 지출을 줄이고 이것을 자산으로 축적한다.

돈을 번다 → 돈을 쓴다 → 세금을 낸다

레너드 가족처럼 "얼마나 버세요?"라는 질문을 들으면 사람들은 대개 어쩔 줄 몰라 한다. 대다수는 돈에 관한 대화가 좋은 게 아니고, 경제적인 성공이나 실패는 사사로운 일이니 논의할 문제가 아니라고 배우며 자란다. 그러다 보니 부를 축적하는 방법을 잘 모른다. 이것이 부 창출 사이클 프로세스의 시작점이다. 소리 내어 돈에 관해 말하는 것이다.

질문 2 : 월 지출은 얼마인가?

상황 분석 | 재정 상태 요약 | 예측하기

메리는 종이 몇 장과 수표책을 꺼내왔다.

"이게 생활비를 포함한 우리 예산이에요. 한 달에 3,200달러 정도 쓰는 것 같아요."

"일단 이제부터는 한 달에 정확히 얼마나 쓰는지 알아야 해요. 둘째로, 앞으로는 지출 목록을 열거하는 예산은 만들지 마세요. 이 과정은 예산 짜기나 생활 규모 축소가 핵심이 아니에요. 돈을 더 벌어서 인생을 더 크고 멋지게 만들자는 거예요."

나는 예산 짜기만큼 더 제한적이고 매력 없는 개념은 상상도 되지 않는다. 예산은 다이어트와 같다. 아무것도 실행하지 않고 효과도 없으니, 그런 건 그만두자. 부 창출 사이클 프로세스에서는 우리가 할 수 없는 일, 그러니까 예산이 강요하는 일에 대해서는 생각하지 않고, 대신 돈을 어떻게 쓸지에 대해 신중하고 의도적으로 계획한다. 먹고, 마시고, 즐겁게 지내고 싶다면 그것도 좋지만, 그러려면 백만장자처럼 더 많이 버는 법을 터득해야 한다.

"앞으로는 예산안은 던져버리고 지출 예측에 대해 알려드릴게요."

질문 3 : 어떤 자산이 있는가?

상황 분석 | 재정 상태 요약 | 자산 배분

레너드 가족 집은 구매한 후로 시세가 상당히 올라 순가치가 약 35만 달러가 되었다. 여기에 아이들 교육을 위해서 만든 계좌가 있었고 그 밖에 은행 저축도 있었다.

이때 나는 이들의 기본 요소 가운데 무엇을 첫 번째 단계로 삼아야 할지 깨달았다. 집에 묶인 자산 일부와 개인 퇴직 계정과 뮤추얼펀드에 묶인 돈을 빼내서 좀 더 직접적이고 덜 전통적인 자산에 투자하여 투자 수익률을 높인다는 뜻이다. 직접·다변화 자산 배분 방식을 쓰면, 이 게으른 자산들을 깨워서 메리가 벌던 연봉 2만 5,000달러를 손쉽게 대체하게 될 터였다.

질문 4 : 어떤 부채가 있는가?

상황 분석 | 재정 상태 요약 | 부채 관리

부채에는 좋은 부채와 나쁜 부채가 있다. 나쁜 부채란 소비자 부채로 대개 신용카드 지출인데, 생활을 유지하는 데 사용되고 자산 형성과는 무관한 돈이다. 좋은 부채란 대개 주택 융자를 말하는데, 자산을 담보로 낸 것이다.

질문 5 : 그밖에는 무엇이 있는가?

상황 분석 | 재정 상태 요약

"그밖에는요?"

나는 계속해서 물었다. 상당히 자극을 받아야만 실제 상황을 정말로 털어놓고, 자신이 벌어들이고 쓰는 모든 것, 그리고 소유와 빚을 모조리 말해주는 사람이 얼마나 많은지 놀라울 지경이다. 갑자기 생각이 나서는 이렇게 말하는 식이다.

"맞아, 할머니께서 제가 열 살 때 주신 주식이 있어요."

"삼촌에게 돈을 좀 꿨어요."

이 단계에서는 저축 통장과 개인연금 계좌, 그리고 간이 방식 종업원 연금제도SEP(Simplified Employee Pension), 아이들 학자금 계좌, 사회보장수입Social Security, 이혼 수당까지 드러난다. 또한 온갖 사소한 직장연금(직장연금 계좌 401K. 개인연금 계좌와 함께 미국에서 널리 활용되는 연금제도로 기업에서 후원하는 방식이다. 직장인들이 봉급의 일정 부분을 떼어 투자 상품에 넣는다. 이 역시 세금 혜택이 있다) 미지급액도 나온다. 일했던 직장에서 그만두고서 받지 않은 연금 수당 말이다.

내가 아는 한 사업자는 직원이 80명인데 장부에 기록된 연금 가입자 수는 100명이 넘었다. 바꿔 말하면 그만둔 직원 가운데 스무 명 이상이 받아 가야 할 연금이 있다는 사실도 모르고 나갔다는 소리다. 또 어떤 부부는 상황 분석을 하면서 과거 직장에 각기 다른 연금이 아홉 개나 있었음을 알게 되었다. 잊어버리고 있던 그 아홉 개 연금 총액은 놀랍게도 10만 9,000달러나 되었다. 경사 난 것이다. 이 질문을 던지면 부업, 온라인 경매에서 사고판 내역을 정리해서 수입이 되는 경우나, 간과했던 수입이나 지출 습관도 종종 나타난다.

메리와 마이크는 자기들이 적은 재정 상태 요약을 보더니 어깨를 으쓱했다. 좋은지 나쁜지 알 도리가 없었으니까. 나는 그들 상황이 좋은지 나쁜지 판단하러 온 것이 아니라고 분명히 알리면서, 그들도 그런 데 신경 쓰지 말라고 했다. 내 유일한 관심사는 그들이 어디로 가고 있는가였다.

질문 6 : 당신은 무엇을 원하는가?

상황 분석　　자유의 날

이제 레너드 가족이 어디에 있는지 알았으니, 어디로 가고 싶은지 물을 차례였다. 나는 레너드 가족에게 경제 목표를 말해달라고 했다. 그 답을 상황 분석 윗부분에 기록해보았다.

다음 2~3년간 레너드 가족이 부 창출 사이클 프로세스를 거치는 동안, 나는 그들이 정한 자유의 날 목표에 다음이 포함되리라는 점을 알았다. 마이크도 직장 그만둠, 백만 달러 사업, 투자 자산 50만 달러, 월 자산소득 6,250달러, 나쁜 부채 없음, 이들은 3년 이내에 이것을 손쉽게 성취할 수 있을 터였다.

질문 7 : 돈을 벌기 위해 어떤 기술을 사용하는가?

상황 분석 | 현금 창출원 | 팀워크

"제가 일하던 곳은……."

메리가 설명하려 했지만 나는 그녀의 말을 끊었다.

"어디에서 일했는지는 흥미롭기는 해도 도움은 안 돼요. 더구나 메리는 거길 그만두고 다시 돌아가지 않을 테니까요. 저는 두 분이 지닌 기술이 무엇이고 돈을 어떻게 버는지가 궁금한 거예요."

"저는 관리 보좌였어요. 조직 기본 관리죠."

"그리고요?"

"그리고 의사소통 기술과 컴퓨터 기술이 있죠."

메리의 말이 끝나자마자 마이크가 입을 열었다.

"저는 기술자고, 건축 기술이 있어요. 항상 우리 집 배를 수리하죠. 뒷마당에 있는 창고도 제가 만들었어요. 뭔가를 만들고 고치기를 잘하는 것 같아요."

"모래차도 아빠가 만든 거예요."

큰아들 케리 레너드가 자랑스럽게 말했다.

"정말 멋져요."

동생 콜린도 형의 말에 동의했다. 아이들의 말에 신이 난 듯 마이크가 웃으며 말했다.

"그래요. 하지만 대개는 에어컨이나 냉장고 따위를 고치죠."

"모래차에 대해서 이야기해주세요."

내가 말했다. 마이크는 귀를 쫑긋 세우며 놀라워했다. 마이크, 메리, 케리, 콜린은 나를 차고로 데려갔다. 거기에는 모든 지형을 다닐 수 있는 전천후 자동차 몇 개가 먼지를 뒤집어쓰고 있었고, 그 뒤로는 주문 제작한 모래차가 한 대 있었다.

"사람들은 모래차라면 열광하죠. 우리는 모래차 세계의 제시 제임스Jesse James(웨스트 코스트 초퍼스West Coast Choppers라는 모터사이클 제작 및 개조 회사 설립자. 제시는 모터사이클 개조의 대가로 알려져 있다)예요."

콜린이 웨스트 코스트 초퍼스 소유주이자 디스커버리 채널 모터사이클 마니아의 스타를 언급하며 말했다.

"인터넷에서 본 것보다 훨씬 멋진 것도 만들 수 있어요. 그런 건 2만 달러 정도에 팔리죠."

케리가 말했다.

"제일 싼 거예요."

콜린이 응수했다.

"10만 달러 하는 것도 봤어요."

"정말이니?"

내가 물었다. 나는 레너드 부부를 돌아봤다.

"이걸 사업으로 해도 좋겠어요. 현금 창출원이죠."

부 창출 사이클의 연료로는 두 가지가 가능하다. 하나는 자산에서 발생하는 자산소득이 있고, 다른 하나는 사업, 곧 현금 창출원이다. 자산소득만 부 창출 사이클에 투입되어서는 사이클에 가속이 붙지 않는다.

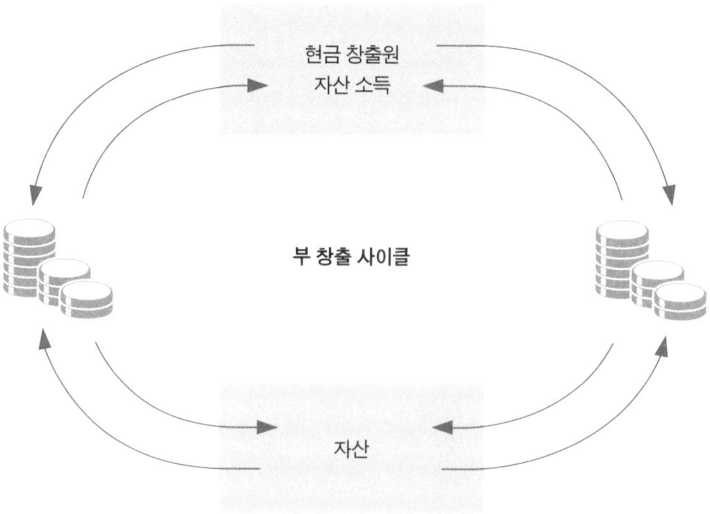

가속이 붙으려면 수입원이 여러 개여야 하고, 가장 좋은 방법은 사업이다.

"음, 제가 사업을 한다면 음식점을 하고 싶어요. 모래차 판매 말고요."

"음식점을 하게 되지는 않을 거예요. 아직은 아니에요. 원하는 걸 하기 전에 버는 법부터 배워야 해요."

현금 창출원을 만들 때는 두 가지 학습 곡선을 따라갈 수 있다.

1. 기존 기술을 활용하는 사업
2. 새로운 기술을 활용하는 사업

나는 사람들이 자신에게 이미 있는 기술을 활용하는 익숙한 분야에서 사업을 해도, 그러니까 전자로 골라도 될 텐데 후자를 택하려고 하는 이유가 이해가 가지 않는다. 그 사업이 그다지 매력 없는 일이라도 마찬가지다. 이것은 단지 버는 법을 배우기 위한 출발점이고, 부 창출 사이클이 돌아가게 하려고, 부 창출원에서 수입이 즉시 발생하게 하기 위한 일이다. 올바른 사업 선택의 열쇠는 당신이 어디에 가더라도 1주일 이내에 수입을 올릴 수 있는 기술을 고르는 일이다. 그것이 부 창출원이다.

익숙한 분야에서 사업 설립 기술을 배운 뒤에는 어떤 분야에도 적용할 수 있다. 메리의 경우 음식점 사업이 되겠다. 누군가 경험도 없고 당장 써먹을 기술도 없는 분야에서 사업 운영 방법을 배우려 애쓰는 모습을 보면, 한 푼도 벌기 전에 혹은 기업가정신에 대해 조금이라도 배우기 전에 그만두게 될 모습이 눈에 훤히 보인다.

이미 사업체가 있는 사람은 그것이 정말 현금을 창출하는지 확실히 해야 하고, 그러려면 마케팅과 유통을 훨씬 강조하고 그쪽 능력을 키워야 한다. 세계 최고의 상품이 있어도 진열되어 있지 않으면 아무도 알지 못한다.

내가 보기에 모래차 사업은 레너드 가족이 현금을 만드는 데 가장 빠른 길이었다. 그 정도 기술이라면 가족 전체가 뛰어들 만한 사업 기회가 될 터였다.

마이크와 아이들은 차를 디자인하고 만든다. 메리와 아이들은 마케팅하고 판매한다. 1년에 세 대만 팔아도 마이크의 소득 5만 달러는 대체할 수 있었다. 케리와 콜린은 부모님과 사업을 한다는 생각에 들떴다. 아버지가 모래차 만드는 걸 도와줄 때면 늘 즐겁기도 했었고, 엄마와 함께 마케팅한다는 생각에 힘이 난 것이다.

질문 8 : 부 창출 사이클을 만들어 시행할 뜻이 있는가?

상황 분석 | 현금 창출원 | 팀워크

"단지 좋은 아이디어라고 생각하는 데서 그쳐서는 안 돼요. 행동해서 실제로 부자가 될 수 있음을 스스로 증명해야 해요. 그저 원하기만 해서는 안 돼요. 하겠다는 다짐이 필요해요."

내가 만나는 사람 중 90%는 경제적으로 혼란스러운 상태에 놓여 있다. 원하는 바를 명확히 하고 재정 상태를 정리하는 가장 빠른 방법은 실행이다. 나는 의뢰인들이 스스로 준비가 되지 않았다고 생각하더라도 행동해야 한다는 점을 배웠다. 융자를 내려고 은행에 갈 만큼 재정 상태를 더 빠르게 정리할 경우는 없으리라. 하지만 정리할 때까지 기다렸다가 은행과 약속을 잡으면 한없이 늘어질지 모른다. 바로 그런 까닭에 전에 해봐서 지식이 있는 사람과 팀을 이뤄 도움을 받는 방법이 빠르게 돈을 버는 데 필수다. 전체를 아는 사람과 협력하면 실수를 피할 수 있다.

레너드 부부는 서로 쳐다보더니 다시 들떠 있는 아이들을 쳐다보았다. 이제 본격적으로 백만장자 만들기 프로젝트를 가동시킬 시간이었다.

SEQUENCING

3

순서 정하기

백만장자로 가는 부 창출 지도 만들기 II

방송국 프로듀서가 두 번째 방영분을 찍자고 했다. 레너드 가족이 앞으로 평생토록 부를 즐기도록 계획을 짜주는 내용이 될 터였다. 그러나 프로듀서는 메리가 다시 직장을 구하지 않는다는 점을 걱정했다. 하지만 나는 이런 걱정은 전혀 할 필요가 없다는 것을 알려주었다.

"메리가 직장에 다닐 때보다 더 많이 벌 겁니다. 그뿐 아니라 부채도 청산하고, 대학 등록금도 준비하고, 마이크도 직장을 그만둘 거예요."

프로듀서는 나의 말을 선뜻 받아들이지 못했다.

"로럴, 의심해서 미안하지만 그게 가능할까요? 프로그램은 여섯 달만 찍는다고 이야기했던 것 같은데요."

"그랬죠. 하나하나 다 준비해서 다음 한 해 동안 모든 게 어떻게 열매를 맺을지 명백하게 드러나게 할 생각이에요."

레너드 가족의 현 상황과 재정 목표를 이해하고 난 우리는 수입을 늘릴 방법들을 고안하기 시작했다. 목표는 자산소득과 사업으로 최대한 소득 기회를 많게 하는 일이었다.

부 창출 계획의 다음 단계는 부 창출 사이클 만들기다. 이를 해내려면 올바른 순서에 따라 적절한 기본 요소를 쌓아 올려야 한다. 앞서 언급했듯 기본 요소를 쌓아 올리는 순서는 각자의 필요와 목표에 따라 달라진다. 당신도 자신에게 맞는 순서를 곧 알게 될 텐데, 예를 들자면 아래에서 강조된 부분 같은 식이 되겠다. 레너드 가족의 경우 순서는 다음과 같다.

상황 분석 → 재정 상태 요약 → 자유의 날

자산 배분 → 현금 창출원 → 법인 →
예측하기 → 부채 관리 → 부 창출 계좌

팀워크 + 사고방식 조정 + 리더십

레너드 가족의 부 창출 계획

레너드 가족뿐만 아니라, 부 창출 사이클 프로세스를 밟는 사람 모두가 처음으로 다뤄야 할 기본 요소는 '상황 분석'이다. 상황 분석을 하면 당신은 현 위치와 가려고 하는 곳 사이의 간격이 어느 정도인지를 알게 된다. 어떤 사람은 간격이 얼마 안 되겠지만, 대다수는 비전이 크고 원대하므로 간격도 그만큼 넓다. 그리고 진심으로 말하겠는데, 그것은 좋은 일이다. 이 간격은 열망을 위협하는 요소가 아니라 사실 열망에 불을 지피는 필수 요소다. 동기 부여가 된다는 뜻이다.

상황 분석에서 우리는 곧바로 본론으로 들어간다. 자라난 배경이나 돈에 관한 생각이 어떤지, 또는 정말 부자가 될 수 있다고 믿는지 따위는 묻지 않는다. 우리는 즉각 부지런히 행동하여 상황을 바꾸고 앞으로 나가라고 부추긴다. 결과를 보고 나면 저절로 믿게 된다.

레너드 가족에게 두 번째 기본 요소인 '재정 상태 요약'에 기록할 내용은 없어진 봉급, 신용카드 대금, 아이들 대학 등록금 부족 등이 되겠다. 자신의 재정 상태 요약을 기록하고 나면 은행에 얼마나 있는지 아는 것보다 재정에 대해 훨씬 많이 이해하게 된다. 자신의 재정 선언문을 만들고, 수입과 지출, 자산과 부채를 이해하며 현재 어디에 있는지 정확히 알게 된다. 특히 원하는 삶을 살아가려면 정확히 얼마가 필요하고, 그러기 위해 나날이 무엇을 해야만 하는지 이해하게 된다.

레너드 가족의 세 번째 기본 요소는 '자유의 날'이다. 1년 후 목표는 메리의 봉급을 대체할 정도의 자산소득을 창출하고, 사업이 굴러가게 하고, 부채를 없애며, 대학 등록금 계획을 시행하는 것이다. 좋은 목표는 흥미와 동기를 유지해줄 정도의 긴장감이 뒤따르지만, 지나치게 어려워 보이면 오도 가도 못하게 된다. 이런 상황은 부 창출 사이클에서는 용납되지 않는다. 오랫동안 우리 사회의 일반적인 생활 모델은 경력 가꾸기, 가정 만들기, 집 마련, 마지막으로 은퇴 준비였다. 하지만 이것은 좋은 목표가 아니다. 당신이 나이와 무관하게 경제적으로 자유로워야 한다. 따라서 부 창출 사이클 프로세스에서는 은퇴라는 개념을 버리고 대신 경제적으로 자유로운 날을 그린다.

이로써 레너드 가족의 토대가 될 기본 요소들이 이제 마련되었다.

다음 단계는 부 창출 사이클이 돌아가게 만드는 일이다. 우리는 자산 배분에서 시작했다. 나는 메리가 다시 일자리를 구하지 않고 사업을 시작해도 좋다고 안심하게 하고 싶었다. 그러자면 놀고 있는 자산을 깨워서 일하게 만들어야 할 터였다. 전통적인 재정 계획은 일을 그만둔 뒤에도 일할 때 소득의 80%가 계속 들어오게 보장해주는 식이다. 나는 이것이 아주 부적절하다고 생각한다. 나이가 들면서 소득을 제한하여 더 부족하게 살고 싶은 마음은 없다. 나는 나이에 무관하게 부를 창출하고 싶고, 나이가 들면서 점차 더 많이 벌고 싶다. 부 창출 사이클에서는 전통적인 투자 방식, 이를테면 주식, 공채, 뮤추얼펀드 등을 뛰어넘는 가속도가 필요하다. 폭넓은 방식으로 자산을 직접 투자해야 하는데, 모든 산업에 모든 종류의 방식으로 투자하여 지속적이고 능동적으로 현금흐름을 늘리고 자산 가치를 높여야 한다. 물론 그러려면 능숙한 전문가와 현장 파트너와 팀을 짜야 한다. 자산에 대해 모르는 채로 자산을 직접 배분할 수는 없다. 위험이 크기 때문이다. 하지만 노련한 부 창출 팀은 부자들이 늘 향유했던 똑같은 정보와 레버리지와 위험 감소 방안을 보통 사람에게 제공해준다.

맡기고 기도하다가 가난 속으로

전통적으로 재정 상담자들은 우리를 대신해 돈을 관리해주는 전문가로 인정받았고, 사람들은 대부분 이들의 명령을 받는 데 만족하는 듯하다. 나는 이를 '맡기고 기도하기' 방법이라고 하는데, 이보다 위험한 일이 없다고 본다. 지금과 같은 시대에 힘겹게 번 돈을 금융기관에 맡기고 돈이 불어나기를 기도하는 건 솔직히 말해 보기에 딱하다. 나는 운에 맡기는 방법은 무엇이든 좋은 계획이 아니라고 믿는다. 이건 마치 갓난아기를 남에게 맡기고서 열여덟 살이 되었을 때 되찾아오면서 아이가 잘 자랐기를 바라는 상황과 같다.

직접 투자와 직접 자산 배분의 잠재력은 무한하다. 금전 규칙(각자의 비전과 가치체계에 따라 정한 투자 기준)과 재정 목표를 분명히 설정하고 나면 자신에게 맞는 투자법이 뭔지 알게 된다. 자신의 전략에 맞는 투자 수익률을 내는 상품이라면 어디에나 투자할 수 있다. 보통 나는 자산 배분에는 자본 집약적 자산, 가령 부동산 따위가 들어가야 한다고 제안하는데, 그 이유는 이런 자산의 경우 감가상각이라는 세금 혜택과 더불어 현금흐름과 가치 상승이라는 보너스가 더해지기 때문이다. 내 투자처에는 늘 부동산, 기름과 가스, 기타 자본 집약적 사업들이 다수 들어 있었다.

이런 투자에는 상당한 지식이 필요하다. 이는 이미 모두 경험해본 멘토가 개입해야 한다는 뜻이다. 바닥부터 시작한다는 건 우스꽝스러운 일이다. 그러려면 적절한 자산을 다루는 적절한 사람과 연결해줄 현장 파트너를 찾아야 한다. 담 너머에서 들여다보느니 투자자들 집단 안으로 들어가는 편이 훨씬 현실적인 성공 방편이기 때문이다. 그리고 이것은 당신이 학습 곡선을 빠르게 끌어올리게 이끌어줄 전문가팀을 만든다는 뜻이다. 부 창출 사이클 프로세스에서는 이론이 아니라 행동이 중요하기 때문이다. 부 창출 사이클은 광범위한 자산에 직접 투자하는 방법이다. 직접 투자와 간접 투자의 차이는 직접 운전하는 경우와 귀중한 생명을 맡긴 채 뒤 범퍼에 매달리는 경우의 차이와 같다.

부 창출 사이클이 움직이게 하기 위해 레너드 가족은 목표에 맞는 직접 투자를 해야 했다. 투자에는 대개 두 가지가 있다. 현금흐름을 발생시키는 소득 투자와 순가치를 만드는 성장 투자가 있다. 메리가 일자리를 잃었기에 레너드 가족에게는 현금흐름이 필요했다. 메리의 소득을 대체하려면 레너드 가족의 자산 일부, 그러니까 주택 순가치와 뮤추얼펀드 등을 현금 발생 자산으로 바꿔야 했다. 앞서 살펴보았듯 마이크와 메리에게는 자산이 39만 9,500달러 있었다. 그리고 이들은 다음을 할 생각이 있었다.

1. 집을 담보로 융자를 내서 10만 달러를 만든다.
2. 개인연금 계좌에 있는 3만 달러를 빼서 투자 방식을 선택할 수 있는 자율연금 계좌로 옮긴다.
3. 아이들을 위해 든 뮤추얼펀드 1만 6,000달러를 대학 등록금 준비에 더 유리한 곳으로 옮긴다.
4. 메리 할머니가 준 주식 2,000달러를 다른 곳에 활용한다.

이 방법들로 활용할 수 있는 금액을 더하니 14만 8,000달러를 새로운 소득 발생 자산에 다양하게 투자할 길이 생겼다. 우리 부 창출 팀과 나는 마이크와 메리가 몇 가지 선택 사항을 고려하도록 도와주었다.

자산의 절반 조금 넘는 금액을 재배치하기만 했는데도 다시 일자리

1년 후 자유의 날 목표	
• 메리가 새 직장을 구하지 않아도 되는 상황 • 메리 봉급을 대체할 자산소득 • 대학 등록금 계획 적용 • 부채 정리 계획 시행 • 이윤이 나는 사업 설립 및 운영	
수입	**자산**
현금 유입 부동산에서 월 2,000달러 부동산에서 월 300달러 어음에서 월 320달러 **가격 상승** 1년째 52,000달러 2년째 67,600달러	• 6만 달러를 현금 발생 임대사업 10군데에 투자(200달러/월) • 16,000달러를 현금 발생 임대사업 2군데에 투자(150달러/월) • 32,000달러를 이윤 12퍼센트 약속어음에 투자 • 4만 달러를 시세가 오르는 부동산에 투자
재정 상태 요약 세전 소득 : 6,250달러/월 지출 : 3,200달러/월 기술 : 관리, 조직, 기계 만들고 수리하기	 자산 : 399,500달러 부채 : 211,000달러

를 구하지 않는다는 메리의 목표가 벌써 달성되었다. 우리는 메리의 월수입 2,080달러보다 많은 자산수입 2,620달러를 만들었다. 게다가 일단 법인을 만들고 나니 자산을 사들일 때 감가상각을 적용하고 지출을 사업비용으로 기록할 수 있게 되자, 마이크와 메리는 현금을 훨씬 많이 보유할 수 있게 되었다. 이것은 단지 자산을 운용한 데서 발생한 이익이었다. 아직 현금 창출원은 만들기도 전이었다.

자산을 다른 자산으로 만들기

사람들은 대개 밑천 중의 밑천이니 거기서 융자를 끌어다 쓰면 위험하다고 생각한다. 그러나 부로 가는 유일한 길은 수익률이 좋은 자산에 투자하는 방법뿐이다. 주택 융자는 거기에 도움이 될 수 있고, 조심스럽게 조사하고 전문가의 도움을 받으면 돈 많은 은행들이 하는 바로 그 일을 당신이 하게 되는 셈이다. 당신의 돈으로 돈을 버는 데 당신보다 적임자는 없다.

순자산을 현금으로

지금 당신 머리에 떠오르는 질문은 아마 어떻게 자산을(주택 자산) 현금으로 바꿔 현금흐름을 만드는가(부동산 투자) 하는 점이리라. 주택에서 자산을 취해 현금을 만드는 방법은 여러 가지가 있다. 예를 들어 주택 담보 대출을 받거나 더 높은 감정가로 융자를 받으면 된다. 양쪽 다 장단점이 있다. 전자는 부채가 늘어나고 후자는 월 상환금이 늘어난다. 자산을 현금으로 바꾸기는 어렵지 않고 잠자는 자산을 일깨워 얻는 혜택은 어떤 성가신 작업의 노고보다 훨씬 크다. 견실하고 성과가 나오는 자산에 투자할 경우 위험은 커지지 않는다.

현금흐름 발생 자산

매월 현금을 발생시키는 부동산은 시세변동이 크지 않아 저렴하면서도 믿을 만한 임차인이 꾸준히 들어오는 물건일 때가 대부분이다. 레너드 가족의 경우 10곳에 각기 6,000달러를 투자했다. 이 6,000달러로 가격이 4만 5,000달러 나가는 집의 10%에 해당하는 돈을 다운페이먼트Down Payment(할부금융을 이용해 구매할 경우 첫 납부금) 4,500달러와 거래 마감 비용 1,500달러를 지급했다. 자산에서 나오는 임대료 수입은 695달러였다. PITI(원금Principal, 이자Interest, 세금Taxes, 보험Insurance)에 융자받은 회전대출 상환금Equity Line Payment For The Refinancing 및 관리 비용이 합계 495달러였다. 나머지 200달러가 월 현금 소득이었다. 이 숫자들은 투자자 신용등급과 기타 요소에 따라 달라진다. 두 번째 부동산을 보고 왜 우리가 비용도 적고 수익률도 높은 첫 번째에 모두 투자하지 않았는지 궁금할지도 모르겠다. 하지만 직접 투자 분배에서는 원하는 모든 부동산을 다 구매하지 못할 때도 있고, 다른 현장 파트너와 함께 자산을 다양하게 분배하기를 원할 수도 있다.

약속어음Promissory Note

우리 부 창출 설계자 모임에서는 서로 사업자금을 빌려준다. 이는 빌리는 이에게는 편리한 자금원이 되고 빌려주는 이에게는 건전한 이윤을 제공해준다. 당연히 빌리는 이는 완전공개Full Disclosure에 동의하고 빌려주는 이는 사전 조사Due Diligence를 실시해야 성공적으로 거래할 수 있고, 양쪽 모두 거래와 관련하여 노련한 법률과 세금 자문이 있어야 한다.

시세가 오르는 자산

우리 모임에서는 실수요자 시장에 대한 투자를 원칙으로 하고 있으며 그런 의미에서 시세변동에 주목한다. 예를 들어 2005년에 과다하게 시세가 오른 플로리다, 네바다, 애리조나 같은 지역은 이자율 상승으로 시장이 둔화할 수 있을 뿐만 아니라, 상황이 역전되어 수입보다 지출이 많아지고 집 시세가 올라가지 않고 도리어 떨어질 수도 있다. 전략과 시장을 잘 선택하려면 시장 변동을 염두에 둬야 한다.

지금까지의 방식은 부 창출 사이클이 요구하는 비전통적인 직접 투자 방식이다. 재무 상담자들은 주택 담보로 융자를 내면 위험하다고 소리칠지 모른다. 사람들 대다수는 자산을 부채 정리에 쓰지만, 자산을 자산 증가에 이용하지 말라는 법이 어디 있겠는가? 나는 남에게 맡기고 기도하기보다는 능동적으로 투자를 관리하는 쪽이 훨씬 덜 위험하다고 믿는다. 몇몇 다우존스 사업주의 변덕으로 시장이 변동하는 일도 없을 테고, 자산의 부실운영을 걱정하는 일도 없을 것이며, 좋고 나쁜 자산을 뒤범벅해 포트폴리오를 구성할 일도 없다. 당신의 돈과 현장 파트너, 팀, 수입, 그리고 무엇보다 당신 자신의 결정으로 하기 때문이다. 팀워크와 사전 조사에 대해서는 아무리 강조해도 부족하다.

다시 말해 투자할 때마다 조사하고 연구해야 한다. 반드시 투자자는 자기 투자에 완전히 개입해야 한다. 부 창출 사이클에서 수동적인 태도는 설 자리가 없다. 그리고 사람들 대다수는, 특히 풀타임으로 직장에 다니는 경우 부 창출에 투입할 시간이 많지 않기에 팀 방식만이 진정 효과적인 부 창출 방법이다. 경험 많은 백만장자와 협력하면 상상했던 것보다 훨씬 빠르게 부를 창출할 수 있는 위치에 오르게 된다.

레너드 가족 이야기로 돌아가자. 우리가 레너드 가족에게 몇 분 만에 제시한 전략에는 메리의 직장을 대체하는 내용은 없었지만 수동적인 1년 자산소득은 3만 2,000달러에 달했다. 마이크와 메리 부부는 이것이 믿어지지 않았다. 직접적인 자산 재조정을 통해 얻은 수동적인 자산소득은 상당해서 레너드 가족은 이것으로 생활해도 좋았을 테지만, 그렇게 해서는 당시 소득 수준을 유지하게 하거나 그보다 아주 조금 나아지는 데서 그쳤을 터다. 그것으로는 충분하지 않았다. 부를 더욱 늘리기 위해서는 부를 만들어내고, 이는 현금 창출원을 삼아 돈을 더 많이 벌어서 부 창출 사이클에 가속을 더해야 한다. 그러려면 먼저 사업을 시작하여 스스로 일해야 한다. 하지만 이것은 금세 사업을 운영하고 다른 사람을 고용하는 상황으로 변한다. 예를 들어 교사가 개인교습 사업을 시작한다면 즉시 수입을 올릴 수 있다. 그러나 곧 원치 않는다고 해도 기업정신을 배우고 다른 사람, 아마도 동료들을 고용하여 가르치게 하고 나면 마케팅과 사업 운영에 집중하여야 한다.

부를 쌓는 사람은 사업을 운영할 줄 아는 사업가이어야 한다. 부 창출 사이클 프로세스에서 당신은 반드시 사업으로 돈을 더 많이 버는 법을 터득해야 한다. 사업 수입으로 자산에서 발생하는 자산소득을 보충할 뿐 아니라 법인 설립으로 세무 전략을 극대화하는 도구도 얻을 수 있다. 사업체는 부 창출 사이클에 연료를 제공하는 현금을 만들어내는 현금 창출원이다.

기술이 곧 돈이다

기업 활동은 이 나라에서 유일하고 가장 큰 부 창출원이고 당신은 자기 사업체를 세움으로써 현금을 늘리고 더 많이 보유할 수 있다. 나는 레너드 가족에게 현금 창출원을 만들라고 조언했다. 사업체가 설립되어 제대로 돌아가기까지는 몇 개월이 걸릴 수 있지만 마케팅은 즉시 시작해야 한다. 나는 항상 의뢰인들이 120일 목표를 세워 구매자를 찾고 현금을 만들어내도록 돌진하게 만들려고 한다. 레너드 가족의 현금 창출원은 내가 보기에 모래차였다.

"내 사업을 해야 하는 건지 어떤지 잘 모르겠어요. 너무 위험하잖아요."

마이크가 말했다.

"저도 예전에 하던 그런 일자리를 다시 구하고 싶어요."

메리가 말했다.

"아뇨, 그러지 말아요. 다른 사람 밑에서 일하면서 또 다른 사람에게 두 사람의 투자 관리를 맡기는 건 너무 위험한 방법이에요. 백만장자가 될 능력이 있는데 왜 안 써요?"

나는 마이크와 메리의 의견에 반박했다.

"겁이 나서겠죠."

마이크가 어깨를 으쓱하며 대답했다.

"그 이유는 이해라도 가는군요."

그들만 겁내는 것은 아니다. 나는 내 상상보다 훨씬 돈을 많이 벌었지만 그러는 와중에 실수도 여러 차례 저질렀다. 투자에 실패하고 선택을 잘못해서 돈을 잃은 적도 있다. 대다수의 부자가 그렇다. 그 역시 배우는 과정이다. 그러나 결국 나는 투자를 잘하고 선택을 잘하게 되었고 같은 실수를 반복하지 않았다. 실패를 과정의 일부로 받아들여도 좋다고 생각한 나는 안전지대를 벗어나기 시작했다. 그러자 날마다 안전지대가 넓어졌다. 내 멘토 가운데 한 사람이 말하기를 내 연간 수입이 월수입이 될 때, 그때가 부 설계가 제대로 시작될 때라고 했다. 믿어지지 않는 말이었다. 그러나 이제는 하루에도 그렇게 버는 때가 있다.

행동에서 얻은 경험으로 나는 내가 올바른 길을 가고 있음을 알게 되었다. 그리고 신뢰할 만한 전문가와 동료들로 구성된 멋진 팀을 만들었기에 계속 지원을 받고 지뢰 사이를 누비면서 성장할 수 있다. 부 창출 사이클에서 우리가 초점을 맞추는 사업은 부 창출 사이클에 즉각 기여할 수 있는 일이다. 아이스크림 회사를 운영하고, 호텔을 세우고, 새로운 운동화를 고안하거나, 자선단체를 설립하는 일은 흥미로울지는 모르겠지만 그런 아이디어들은 부 창출 사이클에서 동력을 얻은 뒤에 다가가야 할 장기 목표다. 버는 법을 배우게 해주는 단기 목표가 아니다.

의뢰인이 버는 법을 배우고 번 돈을 유지하게 하려고 나는 의뢰인에게 법인을 세우라고 한다. 그러니까 기존 기술로 실행 가능한 사업 전략을 지원하는 유한책임회사나 주식회사, 또는 조합을 세워서 돈다운 돈을 벌고 사업체 운영 경험을 쌓으라고 요구한다. 그런 뒤에는 더 크고 흥미진진한 사업 비전을 실현할 수도 있다. 다시 말하지만 부담스럽다는 이유로 회사 설립을 피하려 해서는 안 된다. 억만장자는 밤에 집에 가서 개인 계좌에서 돈을 빼서 청구서 대금을 지급하지 않는다. 이 거물들이 지금 그 자리에 올라선 것은 자신의 비전을 뒷받침해줄 회사를 세우는 기술을 완성한 덕분이다.

우리 부 설계팀과 나는 레너드 가족과 함께 앉아 사업방침Business Directive을 정하고, 세부적인 사업 계획을 짜서 사업체를 만들어 마케팅을 하려고 했다. 취미를 사업으로 바꾸기 위해 레너드 가족이 해야 할 첫 번째 임무는 마케팅과 유통, 곧 고객 찾기였다. 초기 비용을 줄이기 위해 레너드 가족은 첫 번째 모래차를 미리 선전해야 했다. 여기에 상품을 주문 제작하면 모래차 초기 판매가를 2만 달러로 정할 수 있으리라고 보았다. 레너드 가족은 상품을 마케팅하여 판매하는 법을 터득하면서 더 세련된 모델로 10만 달러까지 팔 수 있으리라 예측했다.

레너드 가족의 현금 창출원은 잠재적으로 매월 5,000달러 이상을 벌어들일 수 있었고, 마이크는 직장에서 버는 4,000달러에 대해 잊어버려도 괜찮았다. 결국 판매 수량이 늘고 가격이 올라가자, 이제는 너무 작게 느껴지는 6,250달러라는 목표를 현금 창출원만으로도 달성할 수 있게 되었다. 마이크가 사업을 시작하면서 실제로 감수한 위험이 얼마나 되는지 살펴보면 흥미롭다. 그 기술이라면 마이크는 언제든지 기계공으로 일자리를 얻을 수 있었다. 그것은 그에게 안전망이었다. 그러나 안전망은 부로 가는 길은 아니다. 마이크는 현금 창출원에 시간과 에너지와 돈을 어느 정도 쏟아부어야 하겠지만, 그 시간과 에너지와 돈은 그것으로써 얻을 것에 비하면 아무것도 아니다. 예를 들어 이 사업을 위해 만든 법인으로 이들은 수입을 보존할 방법을 얻게 된다.

다음으로 레너드 가족은 직접 투자(부동산 등)를 관리하고 모래차를 제조하고 마케팅하기 위해 '법인'을 설립해야 했다. 예를 들면 다음과 같다.

1. 트러스트Trust
2. 일반법인C Corporation, 소규모법인S Corporation, 유한책임회사LLC
3. 유한책임조합Limited Partnership

미국 세법에 따르면 위에 언급한 단체에 보유된 자산은 개인 소유 자산과는 다르게 취급된다. 이 단체들은 개인보다 현금을 훨씬 많이 보유할 때가 많다. 그러므로 단체는 자산을 활용해 더 많은 현금을 거둬들일 수 있다. 사람들은 대부분 개인사업자나 월급쟁이가 되어야 한다고 배운다. 부자들 가운데 직원인 사람은 거의 없다. 내가 아는 부자는 하나도 빠짐없이 법인을 만들어 법에서 인정하는 세금 혜택을 최대한으로 받았다. 직장이 있거나 전문가가 된다고 해서 부 창출을 위한 최적의 세무 전략을 선택하지 못할 까닭은 없다. 법인은 세법을 최대한 활용하고 힘겹게 번 돈을 더 많이 보유하기 위한 필수 요소다. 사업체가 있는가 여부에 따라 당신 돈이 사회보장 계좌로 들어가는지 또는 연방정부 납세자 식별을 위해 회사 고용주 번호로 들어가는지가 결정된다.

부 창출 사이클에서는 주변을 정리해야 한다. 생활을 하나의 사업으로 만듦으로써 당신은 사업가처럼 생각하게 되고, 이것은 수지맞고 생산적인 법인을 세운다는 뜻이다. 법인이 있으면 회사, 조합, 트러스트를 세워서 돈이 그리로 들어오고 나가게 할 수 있다. 이렇게 하면 돈을 관리하고 자산 배분과 자산소득에 집중하는 데 유리하다. 레너드 가족에게 나는 다음과 같은 사업체를 만들라고 주문했다.

1. 부동산을 위한 유한책임회사
2. 아이들 부동산을 위한 유한책임회사
3. 모래차 판매를 위한 소규모법인
4. 회사 전체와 소유 재산을 통합하기 위한 트러스트

이 각각의 사업체를 세우는 데 드는 초기 비용은 전문가의 도움을 받는 것까지 합하여 대개 600달러면 되고, 이는 매해 벌어들이는 수입으로 보충하고도 남는다.

다음 기본 요소인 '예측하기'는 계좌를 도표로 만들어서 세무 전략을 짜게 해준다. 부 설계자에게 이는 사업과 투자에서 발생하는 수입과 이를 유지하기 위해 드는 비용에 대한 회계를 의미한다.

레너드 가족은 부기 계원을 고용하여 지출 코드를 정해야 할 테지만 이 서류작업에 목을 매서는 안 된다. 부 설계자가 이런 일에 시간을 쓰는 건 현명한 방법이 아니다. 이 도표를 보면 우리가 무엇은 갖고 무엇은 정부에 주어야 하는지가 선명하게 드러난다.

다음 기본 요소인 '부채 관리'를 위해 레너드 가족은 5단계 부채 정리 계획에 따라서 신용카드 빚을 없애려고 했다. 바로 아래에서 다룰 이 단계는 부 창출 과정이 어떻게 동시다발적으로 일어나는지 보여준다. 레너드 가족의 기본 요소 배열 순서는 다음과 같다.

자산 배분 → 현금 창출원 → 법인 →
예측하기 → 부채 관리 → 부 창출 계좌

부채 관리는 자산 배분이 시작되는 날 거의 동시에 시작하고, 부 창출 계좌 우선 지급금은 부채 정리금과 동시에 만들어진다.

나쁜 부채는 부 설계에 가장 큰 장애물

나쁜 부채를 없애는 일은 부 창출 사이클에서 필수 기본 요소다. 신용카드 빚을 져서 높은 이자율로 돈을 내고 있다면, 투자하여 더 많이 버는 데 쓸 수 있는 귀한 돈을 낭비하는 셈이다. 복리 이자는 기하급수적으로 늘어나고, 빚을 진 사람이라면 이 점을 잘 알고 있으리라. 하지만 이자는 복리로 쌓이기도 하므로, 쌓이기 전에 쓰거나 투자하기 전에 쓰는 것은 스스로에게서 돈을 훔치는 일과 다름없다. 나쁜 부채는 없애야 한다. 부 창출 사이클 프로세스에서 제시하는 5단계 부채 정리 계획은 부채를 없애면서 동시에 부를 축적하게 해주므로, 하나를 하기 위해 다른 하나가 끝나기를 기다릴 필요가 없다.

레너드 가족이 밟을 다음 단계는 '부 창출 계좌'와 '부 창출 계좌 우선 지급금WAPP'을 만들어 마이크의 봉급 일부, 그리고 새로운 사업과 투자에서 얻은 소득 일부를 장래에 투자하기 위해 떼어놓는 일이었다. 이것은 자산에 연료를 공급하기 위해 필요하다. 우리 팀은 레너드 가족의 부 설계안을 고안하면서, 개인·기업 부 창출 계좌와 우선 지급 시스템을 만들 것이다.

지출을 미루면 돈이 모인다

사람들 대다수는 번 돈을 써버리면서 부 창출의 근간을 이루는 행동, 곧 부 창출 계좌 개설은 빠뜨리고 있다. 부 창출 계좌란 중개업체에서 제공하는 특수 이율 계좌로, 여기서 돈을 빼내어 더 큰 이윤을 올릴 만한 기회, 이를테면 부동산이나 사업에 투자할 수 있다. 그저 이자를 지급하는 계좌에 돈을 넣어두기만 해도 요즘에는 3%까지 이자를 지급하는 곳이 있으므로, 얼마 후면 투자를 시작할 정도로 돈을 모을 수 있다. 일단 부 창출 계좌를 만들고 나면 먼저 자신에게 돈을 쓰는 습관을 들여야 한다. 매달 고정 금액을 부 창출 계좌로 집어넣는데, 봉급이나 법인 계좌에서 자동이체 되게 하면 좋다.

부 창출 계좌에 쌓인 돈이 늘어나면 현금흐름을 발생시키는 자산에 투입한다. 부 창출 사이클에서 우리는 자산소득이 발생하는 곳에 자산을 투자하고, 그 자산소득을 다시 새로운 자산에 투자하여 자산소득이 꾸준히 들어오게 한다. 소득을 자산으로 바꾸고 자산을 소득으로 바꾸는 이 사이클이 부를 쌓아 유지하는 열쇠다. 돈이 당신을 위해 일해야

지 당신이 돈을 위해 일해서는 안 된다. 당신은 이윤을 극대화하는 데 집중해야 한다.

혼자서 자수성가한 백만장자는 없다

부 창출 사이클에서는 지금까지 언급한 기본 요소 외에도 반드시 다음 세 가지 핵심 기본 요소가 있어야 한다. 팀워크, 리더십, 그리고 사고방식 조정이다. 부 창출 사이클은 '팀워크', 다시 말해 팀워크로 백만장자가 된다는 개념을 토대로 한다. 자신을 도와줄 팀을 짜지 않고서 부를 일궜다고 말하는 사람들은 진실을 말하지 않는 것이다. 자산을 분배하고, 사업을 시작하고, 사업체를 세우고 예측하려면, 레너드 가족에게도 훌륭한 팀이 필요했다.

변호사, 회계사, 지원 파트너뿐 아니라 전문 상담자, 동료, 투자 기회를 알고 있는 현장 파트너들은 부 창출에 매우 중요한 요소다. 부 창출 사이클에서 당신은 전문가로 구성된 팀을 짜서 그들에게서 도움을 받아 부를 창출하기 위한 전략을 짜고 시행해야 한다. 당신은 자산 형성에 필요한 모든 분야에서 전문가가 될 수도 없고 그러려고 해서도 안 된다. 그냥 전문가를 찾아서 당신 팀에 영입하여 목표를 달성하도록 이끌어주면 된다. 고독한 방랑자가 맨손으로 부자가 된다는 말은 근거 없는 신화다. 혼자서 부자가 되는 사람은 없다. 혼자 하는 이들, 전국 테니스 챔피언이나 세계 최대 소프트웨어 회사의 최고경영자, 혹은 미국 대통령이라 해도 그들을 안내하고 보조하고 지원하는 팀이 있게 마련이다. 부자들은 능숙하고 노련한 전문가들에게 돈을 지급할 가치가 있음을 안다. 그들 덕분에 지루한 일들이 줄어들 뿐 아니라, 성공할 확률도 높아지기 때문이다.

팀이 성공하는 데는 능숙한 전문가만 필요한 것이 아니다. 이런저런 일들을 해결해주는 만능 보결 선수도 영입해야 한다. 내가 보기에 당신이 부 설계자라면 다시는 직접 집을 청소해서는 안 된다. 그런 것은 다른 사람에게 맡기고 당신은 부를 창출하는 데 시간을 써야 한다. 나는 이를 '400달러 해법'이라고 한다. 집 청소, 정원일, 장보기 등과 같은 바깥일에 1시간에 10달러를 주고 사람을 고용한다면, 1주에 100달러면 10시간을 번다는 뜻이 된다. 한 달이면 400달러에 40시간 동안 부 창출에 집중할 수가 있다. 40시간이면 1주 동안 꼬박 부 창출을 위해 근무하는 셈이다. 의뢰인들이 내게 가장 많이 하는 변명은 다음과 같다.

"시간이 없어서요."

400달러 해법이면 그런 변명은 안 통한다. 400달러가 너무 많다고 느껴진다면 200달러나 100달러로 시도해보라. 그 돈을 채우고도 넘치게 벌 것이다. 나는 늘 말한다.

"시간이 없다면 팀을 만드세요."

부자들은 믿을 만한 현장 파트너와 상담자와 무리를 이뤄 기회를 따져보고 만들어낸다. 일반적인 인식과는 반대로 당신은 무리 가운데 제일 똑똑한 사람일 필요가 없다. 더 똑똑하고 현명하며 경험이 풍부한 사람들과 팀을 이루는 편이 낫다. 그렇게 해서 팀워크로 백만장자가 된다. 자신과 자산 규모도 같고 그저 같이 있으면 편안한 사람들하고만 시간을 보낸다면, 당신은 자극을 받거나 성장하지 않을 터다. 당신은 팀과 함께하면서 끊임없이 배워야 하고, 이는 부로 가는 가장 효과적이고 효율적인 방법이다.

부 창출 사이클이 직접 투자에 의지하므로 좋은 팀 구성은 매우 중요하다. 최적으로 직접 투자를 하려면 현장 파트너 집단이 있어야 한다. 현장에서 그 분야와 지역과 사람들에 대해 아는 사람들이 있다. 그들은 인맥, 발로 뛰어 획득한 자료, 전체적인 감독을 제공하고 당신은 현금, 신용, 투자자 망을 제공한다. 현장 전문가에는 부동산업자, 사업 중개인, 지역 재정 설계자 등이 해당한다.

팀에 가담시킬 최고의 사람들을 찾는 일은 성공에 매우 중요하고, 일단 비전을 공표하고 그리로 움직이기 시작하면 팀원들도 리더십에 이끌려 당신이 하려는 일에 동참할 것이다. 당신도 그들이 하려는 일에 동참할 텐데, 상대를 도우면 자신에게도 도움이 된다는 사실을 알게 될 것이기 때문이다. 그것이 팀워크로 백만장자 만들기에서 하는 일이다. 사회·경제적으로 가장 높은 위치에 있는 이들은 기회를 나누어주는 방법으로 자신의 부를 유지하는 데 도움을 얻었다. 수 세기 동안 부자들은 돈을 벌려면 돈이 필요하고, 더 많으면 더 많이 벌 수 있기에 정보를, 그리고 부를 나누는 편이 현명하다는 점을 깨달았다. 그 길로 가는 사람이라면 누구든지 자신과 생각이 비슷한 사람들을 찾고, 그들이 발전하도록 돕고, 그들과 인간관계를 맺어야 한다.

레너드 가족은 분명 바꿔야 할 사고방식이 많았다. 그들은 자신이 죽을 때까지 블루칼라일 거라고 믿었다. 그들은 자신이 백만 달러 사업을 운영하는 부 설계자라고 생각해야 했다. 대부분의 부자 되기 방법은 심리적 측면에서 시작해서 먼저 마음가짐을 바꾸고 그런 뒤에 행동을 바꾸라고 한다. 나 역시 심리학을 매우 좋아하고 인간 행동에 대해 충분히 연구했기 때문에, 이런 방식을 따르다 보면 '실패해도 괜찮아'라고 자위하게 된다는 점을 알게 되었다. 나는 당신이 실패하기를 바라지 않는다. 당신이 성공해야만 나도 성공하는 것이기에, 나는 당신에게 생각을 바꾸면 성공할 수 있다고 말하지 않겠다. 이 기본 요소는 당신이 과거에 어떤 상태였고 당신과 돈과의 관계가 어땠는지에 관한 것, 곧 '사고방식'에 관한 내용이다.

부 창출 사이클 프로세스를 진행해 나가면서 우리는 당신의 과거에서 추려낸 믿음들을 바꿔주는 새로운 사고방식을 제시하고, 당신이 앞으로 갈 곳에 대한 비전을 명확하게 하려 한다. 당신과 나는 함께 단계별 행동 지향적 접근법으로 당신의 행동을 바꾸고 그런 뒤에 사고방식을 바꾸어 당신이 부자가 되게 할 것이다. 그러나 이것을 머리로 하지는 않는다. 당신 손으로 당신이 해내야 한다. 긍정적인 부 창출 사이클을 만들고 난 뒤에야 심리적 측면으로 뛰어들게 될 것이다. 경제에 대한 관념, 돈에 대한 심리와 돈과의 관계는 당신이 반드시 인식하고 앞으로 평생 관리하고 제어해야 할 부분이다. 마이크와 메리 레너드는 먼저 내 코치를 받고, 새로운 방식으로 행하고, 돈에 대해 새롭게 대화해보겠다고 동의함으로써 자신들의 사고방식을 대면하는 첫걸음을 내디뎠다.

의뢰인들이 내게 코치를 받고 싶다고 할 때 가장 먼저 해야 할 일은 내 방식을 따르려고 하는 것이다. 자신의 방식도 흥미진진했을지 모르겠지만, 유용하지는 않았다. 그렇지 않았다면 이미 목표를 달성했을 테니까. 부 창출 사이클 프로세스를 따라갈 때는 먼저 순종하고 그런 뒤에 아는 내용을 다시 배우게 되는데, 이것은 그리 기분 좋은 과정은 아니다. 그러나 그러고 나면 제대로 알게 된다.

부자들은 부 창출 계획에서 리더의 역할을 맡는다. 문자 그대로 부를 리드해낸다. 당신은 부 창출에 도움이 되는 일의 일부는 다른 이에게 위임할 수도 있고 그래야 하겠지만, 누구도 당신처럼 운영해줄 수는 없다. 누구도 당신의 부에 대해 당신만큼 관심을 기울이지 않기에, 당신의 리더십은 성공에 꼭 필요하다. 게으름은 짧게 보면 편하지만 길게 보면 고통스럽다. 현 상태에 머물 것인지 아닌지는 당신이 선택할 바이지만, 물러서지 않고 인생을 주도해나간다면 더 나은 상태에 다다르게 될 것이다.

The Millionaire Maker

ASSET ALLOCATION

4
자산 배분

자산을 소득으로
소득을 자산으로

부 창출의 비결은 자산을 투자하여 더 큰 자산으로 만드는 일인데, 자산은 부 창출 사이클에서 중심이 되는 기본 요소다. 알베르트 아인슈타인은 말했다.

"세계 여덟 번째 불가사의는 돈의 응집력이다."

투자는 되도록 일찍 시작해 쉬지 않고 관리해야 하는 평생 과업이다. 끊임없이 자산 풀Asset Pool을 만들어나가는 과정이기도 하다. 더 많이 알게 되면 자산을 더욱 이윤이 크게 나는 곳에 재분배해야 한다. 이 과정을 늦게 시작한다고 해서 실망할 필요는 없다. 이 방법은 어떤 시점에서든 효과가 있기 때문이다. 나는 당신이 재정 상태 요약을 작성하고 소비자 부채를 없앤 후 3년에서 5년이 지나면 백만장자가 될 수 있다고 믿는다. 성공한 투자자 대다수는 적은 돈을 꾸준히 투자하여 점점 큰돈을 모으는 방식으로 그 지점에 도달했다. 계속해서 수익을 재투자하고 가능하면 추가로 계좌에 돈을 보탰다. 대다수는 매월 투자 선택 항목을 늘렸고 꾸준히 자금을 재배치하여 자산을 다각화했다.

돈의 패턴

지금보다 부를 창출하기에 나은 시기는 없었다. 우리가 사는 정보 시대는 지금까지 한 번도 없었던 광범위한 기회와 그 기회에 접근하게 해주는 정보 수집 기술을 낳았다. 이제 부 창출 사이클 만드는 방법을 알아볼 때다. 부 창출 사이클을 작동시키고 유지하려면 반드시 다음의 사항을 기억해야 한다.

1. 매달 소득에서 일정 부분을 떼어 부 창출 계좌에 넣는다. 이것이 부 창출 계좌 우선 지급금이다.
2. 부 창출 계좌에 든 돈을 사전 조사·연구한 현금 창출 투자와 시세 상승 투자 기회에 직접 투자한다. 다시 말해 자산소득이나 순가치를 낳는 자산에 투자한다.
3. 자산소득을 재투자하여 자산을 더 늘리고, 그로써 자산소득을 더 늘린다.
4. 사업체를 세워 자산과 거기서 발생하는 자산소득을 보호한다.
5. 사업체를 설립했으니 적절한 계좌에 맞는 적절한 지출이 무엇인지 예측하여 세무 전략을 최적화한다.
6. 현금 창출원을 만들어 부 창출 사이클에 가속도를 더한다. 회사 수입 일부를 떼어 개인 부 창출 계좌와 똑같이 활용할 특별 보유 계좌를 만들어 자산 투자에 활용한다. 조만간 이 보유 계좌가 실질적으로 당신의 은행이 되어, 당신이 세운 다른 회사가 투자하려 할 때 돈을 빌려준다.

소득을 자산으로 바꾸고 자산을 다시 소득으로 바꾸는 이 사이클이 부를 창출하고 유지하는 과정이다. 돈이 당신을 위해 일하는 것이다. 당신은 에너지와 관심을 수익률 극대화에 오로지 집중한다. '팀워크로 백만장자 되기Team Made Milionaire'의 회원이던 릭 누넌은 효과적인 자산 배분이 무엇인지 이해하지 못한 사람의 전형적인 사례였다.

바쁘지만 비생산적인 직장생활

릭과 그의 아내는 시애틀 외곽에서 세 아이와 함께 산다. 처음 나를 만났을 때 릭은 자산이 엄청나게 많았지만 뭘 해야 좋을지는 감도 못 잡고 있었다. 그의 재정 상태는 안정된 듯 보였지만 36세 나이인 그는 자신과 아내가 끊임없이 바쁘지만 비생산적이라고 느꼈고, 소비재 제조회사에서 계약직으로 묶여버려 퇴직할 때까지 버틸 수 있을지 모르는 생활 패턴에 빠져들었다고 생각했다. 하루 10시간 근무하려고 매일 두 시간 동안 차를 몰아 어쨌든 자신을 위한 곳이 아닌 직장에 출퇴근하는 그가 내게는 통학 자체에 목맨 사람처럼 보였다.

사람들은 자기 일에 빠진 채 내달리느라 너무 바빠서, 그렇게 뛰어다녀도 효과가 없다는 점을 깨달을 여유가 없다. 시간을 내서 삶을 되돌아보는 사람은 드물다. 나는 릭에게 매주 운전하는 20시간을 더 잘 활용할 방법이 무엇인지, 5일간 억지로 버티다가 주말이 되어도 할 일이 산더미 같은 나날을 보내지 않는다면 삶이 얼마나 나아질지 물었다.

빚도 많고 봉급도 몇만 달러가 넘지 않는 사람들이 릭의 상황을 보면 불평할 거리가 뭐가 있는지 의아할 것이다. 하지만 대다수가 알 듯 빚더미 속에서 허우적거리는 사람이든 혹은 매월 지출액을 맞출 수 있을지 늘 불안한 사람이든, 재정 상태란 상당한 스트레스와 걱정을 유발하게 마련이다. 부유하고 풍요로워서 경제적으로 자유롭고 가족과 친구, 건강과 모험, 영성과 기타 살아 있음을 느끼는 경험에 관심과 에너지를 집중할 수 있다면 다를 테지만 말이다. 부 창출 과정이 멋진 점은 사람들이 자유의 날에 도달하면 행동이 바뀌고 그에 따라 그 사람도 바뀌게 되므로 전혀 다른 사람이 된다는 사실이다.

질문 1 : 월수입은 얼마인가?

상황 분석 | 재정 상태 요약 | 법인

"아내는 연봉이 7만 달러고 저는 8만 달러예요. 하지만 세전 소득이죠."

질문 2 : 월 지출은 얼마인가?

상황 분석 | 재정 상태 요약 | 예측하기

"세금 떼고 나면 거의 남는 게 없어요. 월 지출이 대략 7,000달러거든요."

릭이 말했다. 그러고는 어깨를 으쓱한다.

"정확하지는 않고요. 아무래도 그런 프로그램 하나 장만해야겠죠."

질문 3 : 어떤 자산이 있는가?

상황 분석 | 재정 상태 요약 | 자산 배분

"사실 아주 많아요. 집 자산 가치가 약 30만 달러고 지금 다니는 회사 주식 소유분이 분명히 5만 달러는 될 겁니다. 그런데 그건 빼서 쓰지는 못해요."

그가 회사를 떠나지 않는다면 그렇겠지만, 나는 조만간 그더러 그만두라고 설득해낼 터였다. 나는 부부들이 둘 다 회사에 다니고 봉급을 받으면서 부동산에 투자하는 모습이 항상 놀라웠다. 국세청 세칙에 따르면, 부동산 감가상각은 전문 부동산 투자자가 아닌 이상 1년에 2만 5,000달러로 제한되어 있다. 누넌 부부는 단지 직장을 유지하기 위해 세금 공제가 되는 돈을 수천 달러나 버리고 있었다.

질문 4 : 어떤 부채가 있는가?

상황 분석 | 재정 상태 요약 | 부채 관리

"주택 융자가 아직 8만 5,000달러 있는데 갚고 있어요."

질문 5 : 그밖에는 무엇이 있는가?

상황 분석 | 재정 상태 요약

"은행에 1만 달러가 있어요. 저는 개인연금 계좌에 4만 달러가 있고, 아내는 3만 달러가 있죠. 전에 다니던 직장에 남은 연금 계좌도 있어요. 저와 아내 것을 모두 다 합하면 네 군데가 되고 금액은 6만 달러예요."

질문 6 : 당신은 무엇을 원하는가?

상황 분석 | 자유의 날

누구나 그렇듯 릭도 이 부분에서는 잠시 생각해야 했다. 나는 요즘 사람들이 상당히 자극을 받아야만 꿈을 꾼다는 사실을 알게 되었다. 사람들은 덫에 걸린 채 어쩔 줄 몰라서 꿈꾸기를 그만두기에, 안전하고 달성 가능한 목표만 말하는 경우가 대부분이다. 거의 자신이 원하지 않는 것이 무엇인지만 알고, 꿈을 향해 다가가기보다 거꾸로 꿈에서 멀어져간다. 이제는 잃어버린 꿈이 숨어 있는 다락방을 뒤져서 다시 꿈을 찾아내야 할 때다. 더 좋고 멋진 게임을 하고 싶다면 더 크게 잘 생각해야 하기 때문이다. 현실적이고 합리적이되 뚜렷하게 시간을 배분하고 자신이 책임질 일을 구체적으로 정한다면 꿈을 이룰 수 있다고 믿는다.

"아내와 저는 아이들 대학 등록금을 준비해두고 나서 일하지 않고 재미있게 살고 싶어요."

릭이 말했다. 나는 금액을 정해보라고 했다.

"200만 달러를 투자해서 월 5,000달러를 자산소득으로 벌고 싶어요."

"월 5,000달러라고요?"

"너무 많은가요?"

십중팔구는 이렇게 답한다. 사람들은 실제적인 수익이 얼마나 되는지 전혀 모른다. 200만 달러로 월 5,000달러의 수익은 정말이지 형편없는 액수이다.

"릭, 부자들은 최소한 연 수익 10~30%를 노려요. 그런 식으로 자산 배분을 하려는 거고요. 공격적이고 새로운 직접 투자, 그 정도 수익이 나지 않으면 뛰어들지 않아요. 차라리 다른 걸 찾죠."

"그러니까 지금 내가 말한 게 너무 적다는 말인가요?"

"그래요. 하지만 현실적으로 보죠. 현재 순자산을 두 배 해서 약 40만 달러에서 80만 달러가 되었다고 하고, 거기에 12% 연 수익률을 적용해 봐요."

릭의 손가락이 계산기 위에서 바쁘게 움직였다.

"월 1만 달러네요. 내가 말한 금액의 두 배잖아요."

"그 정도면 충분한가요?"

"그 정도 수익을 보장해주는 건가요?"

나는 빠르게 고개를 흔들었다.

"저는 두 분이 그런 수익률을 찾아내도록 가르쳐드리는 거예요. 저는 두 분의 멘토이자 코치니까요. 그리고 두 분에게 백만장자들이 어떻게 부를 창출하는 자산을 찾아다니는지 보여드릴 생각이에요. 다른 사람들의 게임에 뛰어들어서는 안 돼요. 자신의 게임을 자기 자신이 주도해야죠. 시장이든 다른 사람에게든 수수료나 비용을 주고서 당신 돈을 불리라고 시키지 말고, 돈이 생기면 그 사람들이 할 일을 당신이 직접 하는 거예요. 자산에 직접, 다양하게 투자해서 스스로 높은 이윤을 내는 거죠."

질문 7 : 돈을 벌기 위해 어떤 기술을 사용하는가?

상황 분석 | 현금 창출원

"저는 마케팅을 해요. 아내도 그렇고요. 소비재 상품이죠."

"그게 어떤 기술이죠?"

"기본 마케팅이겠죠, 아마. 브랜드 관리, 예산 짜기, 가격 정하기, 상품 개발 및 포장, 유통, 홍보, 광고 그런 것들요."

질문 8 : 부 창출 사이클을 만들어 시행할 뜻이 있는가?

상황 분석 | 리더십

"네, 당연하죠."

8분에 여덟 가지 질문을 마친 후 릭의 상황 분석은 다음과 같다.

1년 후 자유의 날 목표

- 순자산 두 배
- 월 10,000달러 현금 유입
- 세 아이 대학 등록금 계획 시행
- 릭이든 아내든 둘 중에 한 사람 직장 그만두기

수입

자산

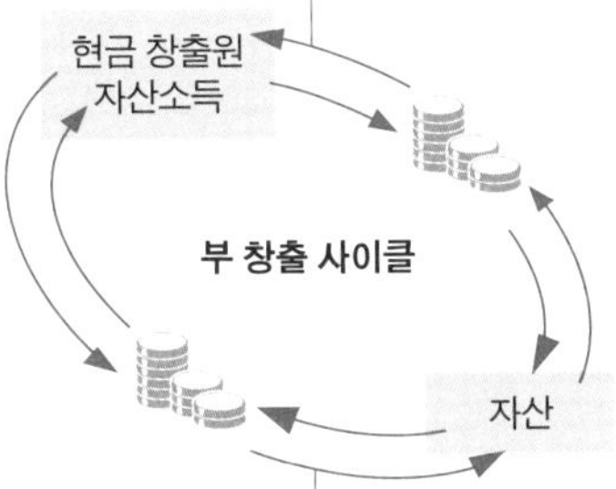

재정 상태 요약

세전 소득 : 12,500달러/월

지출 : 7,000달러/월

기술 : 마케팅, 브랜드 관리

자산 : 490,000달러

부채 : 85,000달러

- 주택 순가치 30,000달러
- 회사 주식 50,000달러
- 개인연금 계좌 70,000달러
- 전 직장연금 계좌 60,000달러
- 현금 10,000달러
- 주택 융자 85,000달러

자산도 매우 엉터리로 투자한 데다 부에 대한 전략도 없었기에, 나는 릭의 부 창출 사이클 순서를 다음과 같이 짜보았다.

상황 분석 → 재정 상태 요약 → 자유의 날

자산 배분 → 법인 → 예측하기 →
부 창출 계좌 → 현금 창출원 → 부채 관리

리더십 + 사고방식 조정 + 팀워크

릭 누넌의 부 창출 계획

부 창출 사이클 프로세스를 거치는 사람은 누구나 그렇듯, 릭의 첫 번째 기본 요소는 상황 분석이었다. 릭의 상황 분석에서 우리는 그에게 잠자는 자산이 몇 개 있고, 법인과 세무 전략이 없어서 소득이 상당 부분 허비되고 있다는 점과 그가 일에는 마음을 덜 쓰고 삶에 더 집중해야 한다는 점을 알게 되었다. 추가로 릭이 아내와 함께 나를 찾아오지 않고 혼자 왔다는 사실에서 나는 아내가 재정 상태에 관심이 없거나 코치에게 돈에 관해 이야기하기를 꺼리거나, 아니면 현재에 만족하여 이런 대화가 불필요하다고 생각한다고 느꼈다. 이혼 사유의 76%가 금전적 문제 때문이니, 나는 릭이 아내와 돈에 관해 대화하는지 여부를 확실히 하고 싶었다. 나는 이것이 릭의 사고방식 조정, 리더십, 팀워크라는 기본 요소를 다룰 때 언급되어야 함을 알았다. 부 창출 사이클에 완전히 몰입하고, 사이클에 가속도를 더하려면 그래야 했다.

재정 상태 요약을 보니 릭은 자산은 많았지만, 그 자산에서 얻는 것은 별로 없었다. 우리는 자산을 배분하고, 법인을 만들고, 예측하며, 부 창출원을 만들어 더 많이 투자함으로써 자산의 활용도를 높여야 했다. 지출 정도를 보니 세무 전략과 비용 관리로도 효과를 볼 수 있음이 드러났다. 통근에 목을 맨 릭은 자유의 날로 가는 과정에서 그의 아내는 말할 것도 없고 자신의 사고방식과 강력하게 부딪치게 될 것이 분명했다. 당시 상태를 고려할 때 그는 자산의 일부만 재배치해도 자산소득으로 봉급을 대체할 수 있을 터였다. 릭이 통근에 대한 열정을 부에 대한 열정과 맞바꾼다면 부가 폭발적으로 쌓일 터였다. 우리는 릭이 돈을 위해 열심히 일하는 상황을 돈이 릭을 위해 열심히 일하는 상황으로 바꿔야 했다. 다음으로 다룰 기본 요소는 자산이었다.

부자들은 시장 '안'에 있지 않고 '밖'에서 시장을 통제한다. 부자들이 하듯이 하고 싶다면, 릭은 6% 수익률에 중개인까지 낀 방식으로 '맡기고 기도하기'를 중단해야 했다. 내가 보기에 그것은 패스트푸드 재정이다. 차를 몰고 가서 메뉴를 보고 고른 뒤에 예측할 수 있고 평범한 먹을거리를 소비하는 방식으로 편리하기는 하다. 그러나 릭은 구체적인 직접 자산 배분 계획으로 부 창출 사이클에 연료를 넣고 가속을 더해 자산소득을 올려야 했다. 릭은 자산으로 부 창출 사이클에 도전해볼 기회가 충분했다. 그리고 릭은 다음을 시도할 생각이 있었다.

1. 주택 순가치 중에 14만 달러를 빼내서 투자한다.
2. 개인연금 계좌에 있는 돈 7만 달러를 스스로 선택한 자율연금 계좌로 옮긴다.
3. 이전 직장연금 계좌에 묶인 6만 달러를 옮겨 총자산 27만 달러를 공격적이고 새로운 소득 발생 자산에 다양하게 직접 투자할 수 있게 한다.

릭은 자산을 전환하여 현금 소득 월 6,400달러, 시세가 대폭 오르는 직접 자산 몇 개, 그리고 소득공제에 활용할 감가상각 물건을 얻었다. 그리고 각각의 투자가 법인에서 시행되므로, 릭은 이러한 자산과 연관된 비용들, 이를테면 모임에 갈 때 사용할 자동차 임대료 등을 어느 정도 줄일 수 있을 터였다. 이리하여 8개 질문에 답하면서 이야기한 그날이 릭 누넌에게는 경삿날이 되었다. 게다가 일반 법인 설립과 예측하기를 정리한 릭은 자산으로 더 많은 자산을 만들어 마침내 직장에서 벗어날 수 있게 되었다. 그때부터 그는 도약을 시작했다.

자산 중독자

이런 자산 배분 방식 가운데 어떤 것은 당신에게 위압적이고 불가능하다고 느껴질지 모른다. 그러나 재정 분야에서는 생각만큼 복잡한 일은 없고, 이 책을 읽을 정도의 사람이라면 재정 분야에 있는 그 어떤 이보다 덜 똑똑하다거나 능력이 부족하다고 할 수 없다. 신문이나 잡지를 읽으면서 정보를 수집하고 이 분야 사람들과 대화하다 보면, 그들이 말

1년 후 자유의 날 목표

- 순자산 두 배로
- 월 10,000달러 현금 유입
- 세 아이 대학 등록금 계획 시행
- 릭이든 아내든 둘 중에 한 사람 직장 그만두기

수입	자산
현금 유입 2,800달러/월 600달러/월 3,000달러/월 **가격 상승** 1년째 56,000달러 2년째 67,000달러	• 70,000달러를 수익률 월 48퍼센트 신생 기업에 투자 • 60,000달러를 연 12퍼센트로 약속 어음에 투자 • 90,000달러를 현금 소득이 생기는 6,000달러짜리 집 12채에 투자 • 50,000달러를 시공 전 주택 4곳에 투자

재정 상태 요약

세전 소득 : 12,500달러/월

지출 : 7,000달러/월

기술 : 마케팅, 브랜드 관리

자산 : 490,000달러

부채 : 85,000달러

- 주택 순가치 30,000달러
- 회사 주식 50,000달러
- 개인연금 계좌 70,000달러
- 전 직장연금 계좌 60,000달러
- 현금 10,000달러
- 집 융자 85,000달러

을 빨리하지만 않으면 아주 단순한 이야기를 하고 있음을 알게 된다.

자산 배분에서 우리가 제시하는 전략은 주류 전략이 아니다. 그러나 자산 배분에서는 군중을 따르지 않는 쪽이 가장 이윤이 남는다. 나 스스로도 이 전략을 쓰고, 동료와 의뢰인들 역시 마찬가지며, 재무나 투자 경험이 거의 없는 사람도, 심지어 현금이 별로 없는 사람도 그렇게 한다. 사실 우리 대다수가 자산 중독자 프로그램에 가입했다고 해도 되겠다. 공격적으로 보이기는 하지만 이 투자 방법들은 합법적이고 건전하며 통상적인 위험과 보상의 범위를 벗어나지 않는다.

다각화와 융통성

다각화는 한두 가지에만 투자하지 않고 여러 곳에 투자하는 기술이다. 어떤 사람들은 관심사를 지나치게 넓히는 것을 경계한다. 다행히 작은 마을에서 자라난 나는 보통 사람들과 달리 여러 분야에 관심을 둬야 한다고 생각하게 되었다. 우리가 학교에서 운동도 하고 연극도 하며 동시에 학교 신문 쓰는 걸 돕지 않았다면, 정말로 조용한 학교생활이 되었을 것이다.

부자들은 대부분 다양한 유형과 폭넓은 수준의 자산에 투자한다. 늘 강력한 수익률을 제공하는 구매 건을 찾고, 여러 방면에서 투자기회를 고려한다. 그리고 한 분야에만 집중하기를 좋아하는 투자자 다수도 그 분야 안에서 다각화를 꾀한다. 그 분야에서 여러 투자 건을 알아낸 뒤에 최고 성과를 거두리라 예상하는 것을 선택한다. 이렇게 한 분야에 집중하는 방법도 이해가 가고 효과도 꽤 좋다고 생각하지만, 나는 여전히 그런 방법은 폭이 제한된다고 본다. 훌륭한 부 설계자라면 특정 자산 유형이나 부문에 갇히지 말고 가능성을 몇 배로 높일 수 있어야 한다.

세상은 쉬지 않고 변할 테고 투자 과정에서는 한 가지 아이디어에 목을 매서는 안 된다는 점을 깨달아야 한다. 반드시 정신을 차리고 융통성을 가져야 하며, 그에 따라 포트폴리오의 일부를 재배치해야 한다. 간단한 예를 보자면 이자율이 낮으면 빌리기에 좋은 시기고 이자율이 높으면 빌려주기에 좋은 시기일지 모른다. 그러나 당신의 필요와 욕구가 변하면 투자 전략도 새로운 조건과 요구에 맞춰서 바뀌어야 한다. 융통성은 하나의 자산이고 여러 투자자는 거기에 프리미엄을 지급할 것이다. 빠르고 합리적으로 변화하는 능력은 가치를 유지하게 해주고, 변화가 일어나도 투자 전략을 자신 있게 이끌어나가는 데 도움이 된다.

팁과 지식

모든 투자 계획은 각기 다르다. 우선 현 상태와 목표를 부 설계 멘토와 팀에 명확하게 전달했다면, 자신과 어울리는 전략을 선택해야 한다. 부 창출에서 당신의 주 역할은 부 창출 계획을 자신 있게 이끄는 일이다. 이 중요한 역할은 누구에게도 맡겨서는 안 된다. 누구도 당신처럼 당신의 투자 건을 보살피고, 거기에 마음 쓰거나 관심을 기울이지 않기 때문이다. 또 누구도 당신만큼 투자 목적을 이해하지 못할뿐더러 당신보다 잃을 게 많지는 않다.

다른 사람이 당신보다 지식이나 경험, 통찰력 면에서 나은 분야가 있을 것이다. 적어도 처음에는 그렇다. 하지만 당신은 항상 당신 팀과 부 창출 계획을 이끌어야 한다. 훌륭한 부 설계 팀에는 사모발행Private Placement(채권을 증권거래소에 상장하지 않고 특정 소수에게 발행하는 것. 이와 반대로 증권거래소에 상장하는 것을 공모발행Public Placement이라고 함)이나, LBO(Leveraged Buy Out. 기업을 매수할 때 매수할 기업의 자산을 담보로 돈을 빌려 자금을 조달하는 방법. 자기 자본이 많지 않아도 매수가 가능), 프랜차이즈, 라이선스 기회를 탐색해낼 수 있는 사업 중개인이 필요하고, 거래 과정에 개입하는 투자·금융 전문가, 여러 분야 분석가 등 다양한 현장 파트너도 있어야 한다.

현장 파트너에는 상업 부동산 브로커와 주거 부동산 브로커, 프로젝트 탐색·관리자, 계약자, 건축업자, 택지 개발업자, 그밖에 기름에서부터 가스, 농장, 현금 등가물, 그리고 수집 가치가 있는 물건에 이르는 다양한 투자 기회를 잡을 수 있도록 발 넓은 사람들이 있어야 한다. 당신이 브로커나 현장 파트너를 얼마나 잘 알든 무관하게 거래 건마다 팀원 각각과 계약을 맺어야 한다. 모든 일을 합법적으로 처리하라.

당신과는 맞지만 어떤 이와는 맞지 않는 투자 기회가 많다. 팀을 최대한 효율적으로 이끌려면 반드시 당신의 투자 성향에 따라 최고 성과를 올리는 팀원을 선택해야 한다. 우표는 수집이 아니라 소인을 찍는 데나 써야 한다고 생각하는 투자자에게 우표 수집을 강력하게 권하는 회계사는 궁합이 맞지 않는다.

사전 조사Due Diligence

"모르겠는데요"는 부 창출 세계에서 잘 안 통한다. 최근 들어 '확신'이라는 말과 관계가 소원해졌다면 다시 잘 지내는 편이 좋다. 당신은 "모르겠는데요"를 "찾아볼게요"로, 제한적인 사고방식을 단호한 사고방식으로 바꿔야 한다. 확신은 경험과 지식에서 나오는 자신감이다. 투자가 너무나 위험하다고 말하면서 선택사항이 무엇인지도 연구하거나 조사해보지 않는 사람을 수도 없이 봤다. 스키가 너무 위험하다고 생각해서 타지 않는 사람은 많다. 하지만 스키 기술과 경험이 있는 사람의 눈에는 안타까운 일로 보인다.

위험은 측정하고 측량하고 심지어 없앨 수도 있는데 위험 때문에 인생과 돈에 대해 게으름을 부리는 경우가 너무나도 많다. 사실 이렇게 되는 이유에는 잠재의식이 "내겐 그럴 자격이 없어", "너무 힘들어", "모르겠어"라고 말하기 때문이라는 점도 있다고 본다. 그렇기에 나는 당신에게 부유한 사람들과 시간을 보내며 정보가 될 만한 이야기나 대화를 해보라고 권한다. 당신과 똑같은 일만 하고 똑같은 정도만 이뤄내는 사람들하고만 어울린다면 그 자리에서 정체하게 될 것이다.

한계를 넘어서 생각을 확장해야 한다. "너무 위험해"라는 말은 더는 시도하지 않기 위한 변명이 되지 못한다. 부를 창출하는 길에서 당신이 위험을 다른 무엇보다 경험·교육과 관련된 것으로 다시 정의하도록 도와주고 싶다. 세심하게 주의를 기울이면서, 다시 말해서 조사하고 연구하고 물어보고 탐색해서 더 많이 배울수록 더 많이 알게 된다. 그리고 어떤 대상에 대해 더 많이 알면 위험은 그만큼 줄어든다. 시작

단계로 특정 투자 분야에 관련된 자료를 되도록 많이 읽어도 좋다. 여기에는 투자와 금융 관련 서적, 신문 경제란, 경제와 투자 관련 소식지와 잡지, 금융과 투자 관련 인터넷, TV, 라디오, 인쇄 프로그램들이 있다. 분야마다 쓰는 용어가 있으니 재무와 투자 어휘를 배워야 한다. 예를 들어 부동산에서 쓰는 표현은 점유 비율, 지역 부동산 가치, 임대 시세, 주택 담보 인정 비율Loan To Value Ratio(금융기관들이 주택을 담보로 대출해줄 때 적용하는 담보 가치, 즉 주택가격 대비 대출이 가능한 최대 비율), 융자 계약, 관리 비용 등을 중심으로 돌아간다. 처음에는 어렵게 보이겠지만 이것이 어떤 단체에서나 만들어 쓰는 용어에 불과하다는 점을 알고 나면 금세 이해하게 될 것이다.

조사할 때는 비판적인 시야를 잃지 말아야 한다. 나는 어떤 유명한 신문에서 사람들에게 투자하지 말고 돈을 저금하라고 말하면서, 퇴직하고 나면 돈을 덜 쓰게 되니 위험한 방식을 따르지 말라고 쓴 기사를 보았다. 당신은 어떨지 모르지만 나는 늙어서 생활 규모를 줄이고 싶지가 않다. 반대로 늘리고 싶다. 그리고 내가 보기에 늘 인플레이션이 이자율을 뛰어넘을 소지가 있기에 저축은 투자보다 더 위험하다. 투자를 생각하기 전에 소비자 부채를 모두 갚으라고 말하는 상담자들도 봤다. 내가 보기에 이것은 두려움에 따른 방식으로 부 창출 사이클에서 하듯 부를 창출하여 부채를 없애버릴 기회를 만드는 데 방해가 된다.

지식을 얻는 또 한 가지 좋은 방법은 강좌, 강의, 워크숍, 세미나 등에 참석하는 것이다. 여기서도 참가비는 물론이고 시간과 관심을 투입할 단체나 조직에 대해 까다롭게 따져봄으로써 스스로 주도해야 한다. 누군가 당신에게 돈이 빨리 굴러들어온다고 말한다면, 그만큼 빠르게 빠져나갈지도 모른다는 점을 잊지 않기를 바란다.

지식을 습득한 다음 단계로 고려하는 투자 건 하나하나를 사전 조사해야 한다. 이 단계를 절대 건너뛰지 마라. 아무 투자·금융 전문가나 주식 분석가든 붙잡고 어떻게 기업의 가치를 알아내는지 물어보라. 세심한 사전 조사가 그들이 말하는 답일 것이다. 당신도 세심하게 사전 조사를 해야 한다.

전통적으로 사전 조사는 특정 거래에서 세부사항들을 검토하고 검증하는 일을 가리키는데, 대개 법률가나 회계사가 대행했다. 사람들이 스스로 거래하기 시작하면서 투자 은행이나 중개 회사 내부 그룹 외부에서도 투자에 대해 사전에 조사하기 시작했다. 그리고 도움을 받을 법률가와 회계사 팀이 있으니 그들에게 의지하여 조사를 하겠지만, 당신은 리더로서 초기 조사나 연구는 스스로 해야 한다. 하지만 이것이 생각만큼 어렵지는 않다. 특히 그 분야에 있는 사람이나 비슷한 과정을 거친 사람들에게 사전 조사를 하는 방법을 배울 수 있다. 변호사도 아마 체크 리스트를 갖고 있겠지만, 마지막 책임은 언제나 투자자, 곧 당신이 져야 한다.

사전 조사는 보통 재무, 운영, 조직 등 부분별 세부사항에서 점검할 목록을 짚어나가면서 시작하지만, 사업이 어떤 분야인지에 따라서 온갖 명세서를 다 따져보는 경우도 있다. 이것은 일반적인 점검 목록과 달라서 대개 수집해서 시행하려면 경험이 필요하다. 지금보다 정보를 수집하기에 좋은 때는 없었다. 몇 년 전만 해도 투자 정보는 투자 은행이나 중개 회사에 출입하며 거래하는 사람들만 얻을 수 있었다. 이제는 일반 시민들이 드나드는 소매 시장이 엄청난 자본 공급원임을 깨달은 은행과 여타 조직들이, 부를 창출하려고 열심인 당신 같은 사람들을 찾아 나선다.

TV, 라디오, 인쇄물뿐 아니라 인터넷 같은 양방향 매체를 비롯한 모든 매체는 은행, 사업체, 아이디어 공급자들이 미래의 고객을 찾아 나서는 데 폭넓은 길을 제공한다. 양방향 매체는 또 정보를 얻기 위한 채널을 통해 투자자를 제공하기도 한다. 안타깝게도 이것은 당신과 당신 돈을 찾아올 기회들 가운데 좋은 것도 있고 나쁜 것도 있다는 의미가 된다.

당신은 지식을 습득하고 좋은 것과 나쁜 것을 걸러내는 데 주의를 기울여야 하는데, 특히 타인의 돈을 빌려서 투자할 때는 더욱더 그렇다. 당신이 잃어버릴 가장 귀중한 것이 돈이라고 생각할지 모르지만, 신용은 그보다 훨씬 중요하다. 돈은 잃고 또 잃어도 여전히 게임에 동참할 수가 있지만, 신용을 잃으면 다시는 게임을 시작하지 못할지 모른다. 초심자로서 당신은 진짜배기와 나쁜 투자를 구별하지 못할지 모르고, 그런 까닭에 멘토와 팀이 있어서 당신이 모은 정보를 취합하도록 도와줘야 한다. 일류 투자자들은 오직 이 내부 집단 사람들하고만 어울리는데, 리더로서 당신이 할 일은 반드시 일류 투자자가 되는 것이다. 포식자들이 즐비한 바깥세상으로 나가서 '속성 부자 되기'란 이름의 계략에 빠질 필요가 없다. 적절한 정보와 사전 조사를 할 능력, 그리고 적절한 지원 시스템이 있다면 제대로 선택할 수 있을 것이다.

가치, 성장, 소득

모든 투자자에게는 각기 다른 목적이 있다. 어떤 이는 현금이 충분해서 먹고사는 데 지장이 없고 다만 순자산을 키우고 싶어 한다. 어떤 이는 매달 현금이 들어와야 한다. 내가 아는 어떤 이들은 순자산이 100만 달러가 넘고, 순자산이 아주 중요하다고 교육받았기에 그것으로 됐다고 생각하면서 자신이 왜 신용카드 빚에 허덕여야 하는지 의아해한다. 돈 없는 백만장자도 있다. 집을 먹거나 지붕을 뜯어다가 차를 살 수야 없는 노릇이다. 대다수에게는 현금이 필요하다. 어떤 이에게는 자신이 살고 싶은 집에 임차를 하고 현금흐름을 발생시킬 자산에 투자하는 편이 낫다. 시세가 크게 상승하는 자산을 그냥 뭉개고 앉아 있는 것은 부 창출 사이클 방식이 아니다.

어떤 투자자는 자신이 가치 투자 기회라고 보는 건만 좇으며, 잠재력이 낮게 평가되고 그 분야에서 상대적으로 가격이 낮게 형성되어 있다고 생각하는 기업과 부동산에만 투자한다. 흔히 성장 투자자는 지속해서 평균 이상의 수익률이 나는 곳에만 투자하고, 또한 투자된 돈을 다시 재투자하길 좋아한다. 소득 투자자는 임대, 이자, 월세, 배당금 등의 형태로 즉각 현금이 나오는 물건을 찾고, 자산 가치까지 상승하면 금상첨화라고 본다. 많은 투자자가 공격적으로 하기보다 조심하는 편을 좋아하며 단지 기본적인 재정적 안정을 원할 뿐이다. 어떤 투자자는 더 큰 보상을 바라며 좀 더 위험을 감수한다. 어떤 투자자는 대중이 투자하는 물건에만 투자하고, 어떤 이는 좀 더 새로운 방법에 대해 배우려고 한다. 특정 산업이나 분야의 물건만 매입하거나, 최소·최대 크기나 평가액의 자산만 찾는 사람도 있다.

투자 기회들을 고려할 때는 반드시 그것이 자신의 규칙과 맞는지 확인해야 한다. 다시 말해서 다음의 투자 기준에 따라야 한다.

1. 당신의 비전에 맞는 투자인가. 원하는 투자 수익률을 거둬서 경제적 목표를 달성하게 해주는가.
2. 당신의 가치에 맞는 투자인가. 원하는 위치에 이르렀을 때 여전히 당신의 가치체계를 유지할 수 있는가.

자신의 필요조건이 무엇인지 알면 헤아릴 수 없이 많은 제안을 걸러내는 데 도움이 된다. 투자 기회를 찾는 일은 문제가 아니다. 눈을 어디로 돌리든 투자 기회는 나타난다. 지금 당장 설득력 있는 목소리로, 대단한 투자 건을 들고서 당신에게 전화하는 사람이 있을지도 모른다. 어려운 점은 어떻게 적절한 때 적절한 기회를 선택하는가 하는 것이다.

적극적인 투자 vs 소극적인 투자

자신에게 맞는 투자 전략을 선택하려면 자신이 적극적 투자자인지 소극적 투자자인지 알아야 한다. 서로 장단점이 있지만, 당신이 더 끌리는 쪽이 있을 것이다. 이 방법은 설명이 필요하지 않지만, 우리가 제대로 이해하는지 확인해보자.

1. 적극적 투자자는 투자에 직접 개입한다. 일반 파트너가 될 수도 있고, 특정 벤처나 사업 관리자 역할을 맡기도 한다.
2. 소극적 투자자는 투자에 수동적으로 개입한다. 돈을 맡기고 다른 사람에게 의존한다.

놀랍게도 대다수 투자자는 자신이 적극적으로 투자하고 싶은지 혹은 소극적으로 투자하고 싶은지 미리 결정하지 않는다. 하지만 결정해두지 않으면 나중에 강제로 정해져 버릴지 모른다. 예를 들어 당신이 소유한 땅 관리자가 당신과 상의하지 않고 직접 결정해버릴지도 모른다. 혹은 직접 개입할 생각이 없는 사업에 시간과 에너지와 전문성을 투자하라는 요구를 받을 수도 있다.

부자들은 대개 두 가지 방식을 모두 사용하고, 당신도 적극적 투자와 소극적 투자를 모두 활용할 공산이 크다. 전반적인 투자 전략과 각 투자 건에 대해 결정할 때마다 자신의 목적과 가치관, 상황을 기준으로 판단해야 한다. 다목적 재정 계획 따위는 없다. 전반적인 부 창출 목적이 무엇이든, 당신은 최선의 방법으로 그곳에 도달하게 해줄 전략을 선택해야 한다. 다음 기준을 보면 적극적 투자자가 될지 소극적 투자자가 될지 결정하는 데 도움이 되겠다.

1. 특정 틈새시장에 관심도 있고 즐거움도 느끼는가?
2. 시간과 에너지, 능력이 있는가?
3. 학습의 어려움을 대면해 극복할 수 있는가?
4. 결과를 책임질 의지가 있는가?

5. 다른 사람과 협력하려 하는가?

6. 타인에게 통제권을 양보할 생각이 있는가?

다중 수입원과 법인 설립

대다수 부자는 한 가지에만 투자하지 않는다. 그들은 수입원이 여러 개 있다. 그리고 이것은 각각에 대해 체계와 조직이 있다는 뜻이다. 고려하는 투자 대상마다 법인(투자 건을 관리하고 감독할 사업체)을 세워야 한다. 법인이 부를 더 많이 축적하게 해준다는 사실에는 반박할 여지가 없다. 그러나 회사 이름을 짓는 것이 재미있다는 이유로 회사를 세울 수야 없는 노릇이다. 사업을 하는 목적은 투자, 상품 개발, 서비스 제공 등 사업 활동을 거래하기 위해서다.

투자에 초점을 맞추어 사업체를 세울 경우, 특정 투자마다 회사를 만들어야 한다. 이것은 자산을 활용하여 더 큰 자산을 만드는 부자들의 습관을 모방하는 것이다. 가령 당신은 부동산 투자 기금을 마련하는 사업을 시작할 수 있다. 그런 뒤에 그 사업에서 나오는 수익을 당신이 운영하는 다른 회사에 투자한다. 이 과정에서 포트폴리오가 다양해지고 당신의 투자 자본을 소유한 법인체가 여럿 생기게 된다. 자신의 회사를 세움으로써 당신은 부 창출 사이클에 기여하게 되고 부 창출 사이클을 가속화할 자산 발생의 토대를 다지게 된다. 이것은 새로운 방식으로 경제적으로 자유로운 날을 예측하고 그리로 더 빠르게 다가가게 해주는 전략이며, 그 어떤 은퇴 계획보다 훨씬 더 오래 큰 부를 유지할 수 있게 해준다.

자산 배분

중개인을 통해 주식을 사는 일이 부를 위해 투자하는 거라고 믿는 사람이 너무나도 많다. 나도 주식이 있지만 중개인을 통해서가 아니라 직접 관리하고, 누가 내 돈을 원하는지 또 얼마나 지급할 의향이 있는지 살피기를 좋아한다. 내가 보기에 이윤을 낼 가능성이 있는 것에 참여할 기회는 무한히 많다.

나는 1년에 현금흐름이 2,000달러 발생하는 4만 달러가 나가는 중부 지방의 집을 소유할 수도 있고, 투자 수익률이 25%가 되는 유정의 증서를 소유하거나, 비타민 제조 공장에 동참하여 첫해에 48% 수익률을 기록할 수도 있다. 이것은 내가 하는 투자들, 그러니까 자산을 형성하는 투자의 일부분일 뿐인데, 직접 투자하기 때문에 비용이나 수수료를 물거나 은행 컴퓨터 앞에 앉은 누군가에게 통제권을 넘길 필요도 없다. 나는 스스로 부를 관리하고 싶다. 그것은 정말로 재미있는 일이다. 물론 처음부터 이렇게 수익률이 높지는 않을 터다. 투자를 시작할 때는 돈이 부 창출 계좌에 머물면서 1~3%대 수익만 낸다. 그러다가 10~30% 수익률로 급상승한다. 내가 참여한 프로젝트는 수익률이 50%인데 실제로 거기에 묶인 돈은 없다. 하지만 이런 기회는 초심자에게는 오지 않는다.

투자 기회를 살필 때는 자신이 순자산을 원하는지 현금 유입을 원하는지에 따라 소득 목표와 자산 목표의 관점에서 봐야 한다. 또한 올해 얼마를 벌고 싶은지, 얼마나 투자할 수 있는지 결정한 뒤에 잠재 수익률을 보고 투자할지를 결정해야 한다. 이것은 스스로 방향을 잡고 투자 기회에 대해 창의성을 발휘하는 일과 관련된다. 그러나 거래에서 최고의 방법은 계획을 세우는 것이다. 체계를 잡은 뒤에 뛰어들어야 한다. 당신과 함께 투자하는 사람들은 당신이 그들의 투자 건에 투자하기를 바라지만, 당신은 그들이 계획을 제대로 짰을 때만 투자해야 한다. 팀원은 각자 자신을 책임져야 한다. 투자 건과 거기에 개입한 사람들이 매력적으로 보인다고 해서, 자신의 자산 계획에 전략적으로 부합하지도 않는 건을 선택한다면 무의미한 뒤죽박죽이 되어버리고 만다.

직접 자산을 다각화하여 배분하는 방법은 시간이 걸리지만 확실하고 체계적인 방법이다. 단호하고 주의 깊게 행동해야 하지만 상황이 좋지 않을 때는 신속하게 빠진다. 맡기고 기도하지 말고 이는 스스로 통제가 있어야 한다. "그런 건 이미 해봤잖아?"라며 다른 건으로 움직이는 자체의 통제가 있어야 한다. 이것은 직접 자산 배분이라는 개념의 개요를 말한 내용일 뿐, 내 포트폴리오나 내가 추천하는 방식을 주장하는 것은 아니다. 투자는 아주 사적인 활동이고 오직 당신만이 자신의 경제적 목표와 가치관에 맞는 자산이 무엇인지 안다. 우리 모임에서도 어떤 파트너는 앞서 언급한 것들에 투자하지만, 어떤 이는 그런 건에는 전혀 투자하지 않는다. 어떤 사람은 심지어 위에 언급한 자산과 전혀 상이한 범주에 있는 자산, 이를테면 수취계정 매입, 이동 주택, 세금 담보 증명서 등에 투자한다. 자산 투자 기회는 넘치도록 많다.

나는 최적의 부 창출 사이클은 다양한 유형의 자산을 포괄하는 자산 배분 전략을 토대로 한다고 믿는다. 폭넓은 포트폴리오를 갖춘다면 특정 투자 유형에 매달리지 않을 테고, 따라서 잠재 수익률을 토대로 투자하게 되고 주관적 요소에 흔들릴 소지도 줄어들 것이다. 게다가 다각화하면 특정 자산이 곤두박질친다고 해도 그리 크게 손해 보지 않는다. 그리고 다시 이야기하는데, 다양한 포트폴리오를 제어하려면 당신이 부 창출 팀을 이끌어야 한다. 스스로 모든 일을 전문적으로 하지 못할 테니 협력은 필수다.

위험과 보상

자산을 어떻게 분배하는가는 당신과 당신 상황에 따라 달라진다. 종종 내게 포트폴리오를 어떤 식으로 구성해야 하는지 묻는다. 나는 일반적이지 않은 자산을 좋아하므로, 다음을 좋은 다각화 전략이라고 본다.

다시 말하지만 당신이 어떤 사람인지 또 당신이 선택한 멘토의 영향력과 배경이 어떤지에 따라 좋아하는 방식이 다르겠다. 최고의 부

	부동산	주식	기름과 가스	현금	사업
A	30%	20%	10%	10%	30%
B	60%	20%	10%	10%	-
C	20%	50%	-	5%	25%

창출 팀은 당신이 모든 선택사항을 살피고 전문적 도움과 조언을 얻도록 도와준다. 하지만 시작은 당신이 해야 한다. 세상에서 가장 뛰어난 투자자와 함께 일하더라도 책, 잡지, 신문 등을 읽고 가능한 한 모든 정보를 수집해야 팀을 가장 효과적으로 이끌 수 있다. 교육과 경험에 따라 위험도가 달라짐을 고려할 때, 똑똑한 투자자라면 시장에 대해 잘 배우고 그 분야 사람들과 정보를 주고받을 것이다. 그런 사람은 숫자를 읽을 줄 알고, 좋은 투자에 무엇이 필요한지 이해한다. 부동산 투자자의 경우, 소식통 투자자는 먼저 숫자를 보고 점검한 뒤에 물건을 보러 간다.

부 창출은 교육이 필요한 과정이다. 부를 축적해나가면서 당신은 이해력을 키우고 투자 분위기와 자신의 필요·상황에 따라 전략을 어떻게 바꿔야 하는지 배우게 된다. 위험에 관해서는 다음 규칙을 명심하라.

1. **기회를 늘려라** : 가능하면 타인의 돈을 활용하고 자기 돈은 최대한 아껴라. 타인의 신용을 활용해도 좋다.
2. **시장을 알라** : 시장에 관해 공부하여 전략적으로 움직여라. 연구하고 조언을 구하고 행동하여 경험과 증거를 쌓아라. 그러나 기회마다 다르다는 점을 인식하라.
3. **전문화하라** : 특정 투자 분야에 전문가가 되고 그 분야를 전문적으로 다뤄라. 그 분야 안에서 다각화하는 방법을 터득하라.
4. **세부사항을 주시하라** : 항상 세세하고 완벽하게 기록을 남겨라.
5. **계산하라** : 숫자를 적이 아니라 친구로 대하라. 숫자를 읽고 계산하여 투

자 기회를 분석하는 법을 이해하라.

6. **규칙을 따라라** : 스스로 정한 금전 규칙을 지켜라.
7. **듣고, 배우고, 이끌어라** : 멘토와 부 창출 팀, 특정 자산 전문가들과 의사소통을 원활히 하라.

법인 제국을 세울 때는 자신의 자산에 투자하기 위한 사업체든 타인의 자산에 투자하기 위한 사업체든, 부 창출 사이클이 어떤 모양이 되기를 바라는지 생각해봐야 한다. 이는 곧 자산 배분을 어떻게 할지 정의한다는 뜻이다.

부동산을 고려하라

나는 사람들에게 부동산을 사서, 사업을 운영하고 법인을 세우고 자산을 다각화하면서 즉각적인 현금 소득, 감가상각, 세금 감면 혜택을 얻는 방법을 배우라고 권한다. 부동산은 속도가 느린 게임이므로, 나는 당신이 먼저 부동산 사업체를 만든 뒤에 스스로 투자자가 되기를 추천한다. 자산소득을 월 수만 달러 올리고 순자산이 수십만 달러가 되는 것이 분명 가능한 일이기는 하지만, 그 전에 부동산 관리 행동 계획을 세우고 자신의 목표와 투자 계획이 무엇인지 명확히 해야 한다.

부동산 소유주와 투자자 다수는 자기 집 뒷마당에서 먼저 시작했고 다른 사람에게도 똑같이 하라고 권한다. 물 위에 지은 집에 살다가 산 속에 있는 다른 집으로 옮겨가며 살기도 하는 나로서는 사람이란 모름

지기 자신이 살고 싶은 곳에서 살아야 한다고 믿지만, 투자는 할 만한 곳에 해야 한다. 고작 몇 년 사이에 나는 여러 주에 다양한 부동산 포트폴리오를 만들었다. 그러나 이것은 '팀워크로 백만장자 되기' 방식을 믿을 때나 가능한 일이다. 이를 실현하려면 전국에 깔린 현장 파트너가 필요하기 때문이다. 현장 파트너는 부동산과 투자 기회에 대해 아는 거리의 전문가들이다. 전국 부동산 투자의 이점은 현장 파트너와 함께 투자함으로써 자기 집 뒷마당에 있을 때처럼 현장 파트너에게서 내부 정보를 얻을 수 있다는 점이지만, 위험을 분산시키고, 다양한 시장 경제를 활용하며, 시세 등락에 따라 같이 손익을 보게 될 팀과 전략적으로 자신의 돈을 활용하는 방법을 배우라고 권하고 싶다. 레버리지, 곧 차입 자본은 부동산과 모든 투자에서 성공하는 중요한 수단이다. 차입 자본 외에 다른 사람의 창의성, 지식, 연줄, 노하우, 시간, 자원도 활용하려 노력해야 한다.

다른 모든 자산에서와 마찬가지로 부동산에서도 멘토와 팀을 구해야 하고, 시작하기 전에 노하우를 쌓아야 한다. 부동산 투자를 제대로 하느냐 잘못하느냐에 따라 행복과 불행이 갈리기도 한다. 부동산 매입은 흥미진진하고 생산적으로 비춰질지 모르지만, 법인 계획이나 재무 전략 없이 자산을 보유하면 전체 목적에 해가 되는 경우도 생긴다. 내가 아는 어떤 사람은 엄청난 돈을 잃게 되어 은행에서 더는 돈을 빌릴 수가 없게 되었다. 그의 명의로 된 집이 34채였는데 모두 임대로 내놓아 세금 또한 걷잡을 수 없이 많이 나왔다. 나는 그와 함께 상황을 뒤집으려 했다. 첫째로 우리는 돈에 대한 그의 심리에 대해 이야기한 뒤, 다른 사람들과 협력하여 부동산을 매입하고 투자하자는 아이디어를 논의했다. 그는 좋은 거래 물건이 있다면 다른 사람의 돈을 활용해도 자신과 자신이 돈을 빌린 사람 모두에게 이득이라는 점을 이해해야 했다. 둘째, 우리는 그의 명의로 된 것을 모조리 바꾸고 그의 토지를 소유할 유한책임회사 몇 개와 그것을 관리하는 소규모 법인 하나를 세우도록 도와주었다. 법인을 세우고 타인의 돈을 활용한 결과 그는 다시 돈을 빌리고, 소유한 집 숫자를 두 배로 늘렸으며, 동료들도 8~10% 수익을 올리는 모습을 지켜볼 수 있었다. 그는 계속 타인의 돈과 은행 대출금을 활용하여 한 번에 주택 10여 채를 매입한다.

부동산에는 투자 기회가 많고 어떤 것은 크고 어떤 것은 작지만, 경험이 많아지면 노는 물도 커진다. 토지 개발, 시공 전 작업, 사전 판매 Preforeclosure(채무자가 권리를 상실하기 전에 채권액 이하로 부동산을 판매하도록 채권자가 허락하여 판매하는 경우)를 고려할 수도 있다. 사전 판매는 모두에게 파이를 키우는 방법을 보여주는 좋은 예다. 유질처분 Foreclosure(채무자가 계약에 따라 채권자에게 빚을 갚지 못해서 해당 부동산의 권리를 잃어버리게 되는 것)은 파산보다 나쁘므로 누구든 피할 수 있다면 피해야 한다. 우리가 아는 어떤 여성 현장 파트너는 남부의 작은 마을에 사는데, 동네 사람들 사정을 손바닥 보듯 훤히 안다. 우리가 그 여자와 제휴하고 나자 사람들이 집을 잃어버릴까 걱정되거나 금융에 어려움이 있을 때 그녀에게 전화하게 되었다. 우리는 그가 좌절한 사람들 집 부엌에 앉아서 커피를 마시며 대화하는 모습을 지켜보았다. 그녀는 솔직하고 정직하게 자신이 그들 신용 회복을 돕고 주택 순가치에 정당한 대가를 치르고 그들의 융자를 인수함으로써 그들이 파산하지 않게 막는 것이 자신에게 좋은 투자이자 이윤이 남는 사업이라고 설명했다. 사람들은 이것이 자신이 받은 최고의 선물이라고 거듭 고마워했다. 그들은 손에 돈이 들어와 부채가 없어진 뒤에라도 자신이 손해를 보지는 않았는지 다시 따져볼 수 있었다.

감가상각과 매월 들어오는 현금흐름을 비롯하여 앞서 언급한 모든 이유를 고려할 때, 부동산은 내가 좋아하는 투자법이다. 나는 몇몇 물건에서 돈을 잃어버린 적도 있고 아직도 배울 생각이지만, 전반적으로 잘 해냈다고 본다. 내 부 창출 팀에는 연간 5만 2,000달러를 벌다가 지금은 매달 그만큼 버는 융자업자도 있다. 부동산만큼 팀 훈련에 좋은 투자도 없는 것이, 부동산에는 전문성과 탐방이 상당히 필요하기 때문이다. 그러나 당신이 직접 그 일을 할 필요가 없이 그저 이끌기만 하면 되기에 더욱 좋다.

개인연금 계좌를 위한 기회

저축, 개인연금 계좌, 연금, 사회보장기금, 기타 원천 징수 방법으로 떼어둔 돈에 손을 대서는 안 되겠지만 개인연금 계좌를 이용하여 더 큰 부를 형성할 방법이 몇 개 있다. 최근에는 자율적 개인연금 계좌들이 활기를 띠고 있다. 앞서 언급했듯 거대 중개 회사에는 자율 개인연금 프로그램이 여럿 있지만, 진정한 자율 개인연금 프로그램을 제공하고 우리가 하려는 자산 배분 방식을 지원해주는 곳은 손에 꼽을 정도다.

나는 스스로 부를 관리해야 한다고 믿기에 기존의 개인연금 계좌를 자율연금 계좌로 바꾸라고 강력하게 권한다. 과세 유예 개인연금 계좌나 면세 로스 개인연금 계좌는 부 축적에 가속도를 높이는 데 유용하다. 로스 개인연금 계좌를 활용하여 자산에 투자하면 과세 유예 방식으로 돈을 모아서 면세로 인출할 수가 있다.

진정한 자율 개인연금 계좌가 있으면 뮤추얼펀드뿐 아니라, 부동산 투자 신탁REIT에 직접 투자하거나 기타 간접 투자처에 투자할 수가 있다. 개인연금 계좌를 파트너로 삼아 당신과 개인연금 계좌 모두 혜택을 볼 수도 있다.

예를 들어 당신의 연금 계좌에 든 돈으로 임대 부동산을 매입하면 월 소득이 연금 계좌로 들어갈 뿐 아니라, 연금 계좌에서 세금 따위의 주택 관련 비용을 모두 지급해줄 수도 있다. 발생 비용이 부동산 소유권자(연금 계좌)에게 청구되기 때문이다. 연금 계좌를 기름과 가스 거래, 수취계정 매입 및 다양한 자산에 활용하는 사람도 보았다. 연금 계좌로 어음도 발행하고 돈을 빌려줄 수도 있는데, 연금 계좌의 이자 지급이 면세일 경우 가능하다. 다른 면세 가능성도 탐색해봐야 한다. 이를테면 교육 저축 계좌에 투자한다면 세전 수입으로 아이 학비를 낼 수 있다.

부 창출 계획의 세부 프로세스

릭 누넌의 부 창출 사이클 프로세스의 다음 기본 요소는 '법인'이었다. 릭의 자산을 위해 우리는 법인을 몇 개 세웠다.

다음 기본 요소는 예측하기였다. 릭의 생활은 비용 관리를 조금만 하면 놀랍게 바뀔 터였다. 릭은 자신이 지출하는 모든 비용이 어디에 해당하는지 써넣음으로써, 이 과정을 훤히 꿰고 있어야 부기 계원 고용에 드는 비용을 충당할 수 있을 것이었다.

직접 자산 배분이 부 창출 사이클 작동에서 처음으로 해야 할 단계였지만 자산 배분을 늘려서 부 창출 사이클에 가속을 더하려면 먼저 법인, 현금 창출원, 그리고 부 창출 계좌 등이 없으면 안 되었다. 릭이 부 창출 계좌를 만들지 않은 채 부 창출 사이클에 가속을 더하려 했다면 튼튼하지 않은 토대 위에 집을 짓는 셈이 되었을 테고, 사이클은 속력을 잃었을 것이다. 또한 거래와 투자 기회를 찾아내고 거래를 성사시킬지도 모르지만, 현금원(부 창출 계좌)이 제대로 돌아가지 않는 상황에서는 선택 사항이 매우 제한되어 훌륭한 투자 기회를 놓쳐버리고 말았을 것이다. 설상가상으로 재정적 토대 자체가 무너질지도 모른다.

릭에게 '부 창출 계좌' 단계는 결정적이었다. 부 창출 계좌 없이는 돈이 모두 세금이나 지출로 날아가 버리기 십상이었다. 릭의 부 창출 계좌는 부 창출 사이클에 제공할 연료가 되어 계속해서 돈이 회전하며 더 많아지게 할 터였다.

다음 단계는 '현금 창출원'이었다. 통근에 목을 맨 남자가 직장을 그만두기란 아이 머리카락에 붙은 껌을 떼어내는 일만큼 어렵다. 릭 누넌은 오랫동안 직장에 다녔다. 스스로 사업을 한다는 생각은 그에게 매력적으로 다가오지 않았다.

"투자 펀드라면, 그러니까 부동산 소유 같은 사업이라면 괜찮을 것 같아요."

릭이 진지한 얼굴로 말했다.

"음, 그건 재미있기는 하지만 도움은 안 돼요. 우리는 당신이 이미 있는 기술로 이미 아는 분야에서 버는 법을 배우기를 바라요. 당신은 사업을 운영하는 법을 배워야 해요. 일단 그걸 할 줄 알게 되면 어떤 분야에서 사업을 벌여도 좋아요. 지금은 부 창출 사이클에 가속을 더해줄 수입을 즉시 발생시킬 현금 창출원이 필요해요. 마케팅 회사를 만드세요."

"전 남들 마케팅을 돕고 싶지가 않아요."

"그럼 더 좋죠. 아는 마케터와 브랜드 전문가들 가운데 지금 일자리가 없거나 퇴직했거나 뭔가 할 일을 찾는 사람도 있겠죠?"

내 말에 릭이 고개를 끄덕였다.

"좋아요. 당신이 아는 마케팅과 브랜드 관리 전문가들을 고용해서 당신이 직접 서비스하지 않고도 사업을 운영하는 법을 배우는 거예요. 당신은 그저 구상을 마케팅하고 회사를 세우는 방법만 배우면 돼요."

"해볼게요."

릭은 잘 이해가 가지 않는다는 듯 고개를 좌우로 흔들며 대답했다.

"지금 있는 1만 달러는 사업 설립과 의뢰인을 찾는 데 쓰세요. 두 달 동안 궤도에 올려 보자고요. 그리고 첫해에 릭이 25만 달러를 올리게 우리가 도울 수 있는지 두고 보는 거예요. 그러려면 의뢰인이 6명 필요하고 각 의뢰인이 매월 릭에게 마케팅 보조를 20시간 받아야겠죠. 시간당 200달러를 청구하면 의뢰인 한 사람당 월 4,000달러가 되고, 전체 월수입은 2만 4,000달러가 돼요. 계약자들에게 절반을 떼어준다면 세전 수입이 1만 2,000달러가 되는 셈이군요."

릭이 마케팅 전략을 정해서 의뢰인을 구한다면 현금 창출원 사업은 처음 10개월간 계약자들에게 돈을 지급하고 난 후 세전 수입으로 12만 달러를 올릴 수 있는 25만 달러 사업이 될 가능성이 있다. 게다가 현금 창출원 덕분에 릭은 비용과 세무 전략을 관리할 또 다른 사업이 생긴다. 나는 릭에게 사업에서 월 1,000달러를 떼어서 교육 저축 계좌 세 곳에 넣어 총 3,000달러를 아이들 대학 등록금으로 쓰라고 권했다.

마지막으로 우리는 '부채 관리'에 초점을 맞췄다. 릭의 대출은 지속해서 시세가 오르는 자산을 담보로 한 것으로 이자율은 낮아서 5%였다. 그것은 그대로 두기로 했다. 릭은 신용카드 빚이 없었고 나는 릭에게 계속 그렇게 하라고 제안했다.

이제 릭은 리더가 되어 '리더십' 요소를 제대로 흡수해야 했다. 릭은 이미 소득이 높았고 몇몇 자산을 전환하여 어느 정도 자산소득을 올리고 있었으므로 탄력을 받게 하는 일이 최대의 난관이었다.

'사고방식 조정'은 릭이 부 창출 사이클을 운영하는 방식을 좌우하는 핵심 요소였다. 릭의 아버지가 평생 직장에 다녔기에 릭은 그 방식에 익숙했고 아내도 마찬가지였다. 자산을 용감하게 전환하기 위해 릭은 아내와 힘들게 대화해야 했지만, 릭과 아내가 이런 대화를 한다는 사실은 잘된 일이었다. 그러나 릭이 부동산 감가상각을 활용하고, 회사 주식으로 묶인 5만 달러를 더 유용하게 쓰고, 팀을 만들고 이끌어 부 창출 사이클에 시간과 관심을 더 많이 쏟게 되려면 직장을 떠나야 했다.

릭이 이 불가피한 상황을 좀 더 편안하게 받아들이고 부 창출 사이클을 제대로 관리하려면 '팀워크'가 필요했다. 그에게는 부 창출 계획을 짜게 도와줄 코치와 그를 지원해줄 멘토, 기름과 가스, 부동산, 소규모 사업에서 직접 자산 분배 기회를 찾게 도와줄 현장 파트너, 법인 설립을 이해하는 회계사, 예측을 도와줄 부기계원과 서류작업을 잘해줄 변호사, 그리고 협력해줄 아내가 필요했다. 릭은 팀 만들기 세계에 빠져들어야 했다.

릭은 직장을 떠나지 않은 상태에서 월 추가 수입 1만 8,400달러를 벌면서 순자산을 만들 만큼 역량을 길렀다. 이것은 단지 자산을 신속하게 전환하고 현금 창출원을 만든 결과였다. 법인 설립과 부 창출 계좌가 있으면 릭은 그 소득의 상당 부분을 보유하고 재활용하여 부 창출 사이클에 가속을 더할 수 있을 터였다. 부 창출 사이클은 멈춰 있어서는 안 된다. 그것이 잘 되려면 반드시 커져야 하고, 그러려면 더 다양한 소득원이 거기에 연료를 공급해야 한다. 레너드 가족과 릭의 사례에서 봤듯 부 창출 사이클에 연료를 공급해줄 훌륭한 자원은 합법적인 사업이고, 그것은 곧 현금 창출원이 된다.

CASH MACHINE

5
현금 창출원

버는 법을 배우고
굴리는 법을 익혀라

부 창출 사이클 프로세스에서는 부 창출원이 반드시 있어야 한다. 그러려면 허락을 받아야만 뭔가 할 수 있다고 생각하게 만드는 우리 사회에서 벗어나 행동해야 한다. 더는 누군가가 당신에게 돈을 더 주기를 기다려서는 안 된다. 우리는 현재 운영하는 사업을 개선하거나 새로운 사업을 시작해서 소득을 늘릴 수 있다. 잠깐, 좀 더 듣고 나서 항의하자. 나는 이 말이 부담스럽게 들릴 수 있다는 것을 알지만 확언하건대 전혀 그렇지 않다. 내가 말하는 것은 당신에게 이미 있는 기술로 익숙하게 해낼 만한 사업이다. 내가 오랫동안 들었던 부에 대한 여러 정의 가운데 가장 마음에 드는 정의는 부를 "기술과 재능을 실현하여 풍부하고 넘치는 상태"라고 이야기한다. 나는 당신이 기술을 활용해서 돈을 벌 수 있고 그래야 한다고 믿는다.

우리 목표는 그 기술과 재능을 활용하여 당신이 즉시 행동함으로써 완전히 새로운 기술, 곧 사업 운영 기술을 배우는 일이다. 그런 뒤 실제로 부유해지면 사업 기술, 다시 말해 마케팅, 판매, 운영, 관리 등이 생겨서 인생을 더 잘 경영하게 되고, 머리에 스쳐 가는 상품 아이디어로 사업체를 차려도 좋을 것이다. 이미 사업을 운영하고 있다면 그 사업을 활성화하여 진정한 마케팅 기계로서 수입과 현금을 만들어내게 하자. 순서는 다음과 같다.

1. 이미 아는 기술을 활용하라.
2. 시행 가능한 현금 창출원을 만들라.
3. 사업 기술을 배워라.
4. 그 사업 기술을 원하는 다른 분야에 적용하라.

이 책에서 나는 당신에게 버는 법을 가르쳐주려고 한다. 평생이 걸릴 일은 아니다. 초기 목표는 작은 벤처를 세워서 천천히 성장하게 하는 것이다. 레너드 가족처럼 이미 취미가 있어서 거기에 형태를 갖춰 현금 창출원으로 발전시키는 경우도 있겠다.

결과를 소유하라

나는 필라델피아에서 열린 세미나에서 패트리샤 비슬리를 만났다. 패트리샤는 40세에 이혼한 여성으로 10대인 딸이 하나 있었다. 웹디자인 회사의 프로젝트 관리자로 연간 4만 5,000달러를 벌던 패트리샤는 직접 여름 휴양 캠프 회사를 차리고 싶은 맘이 굴뚝같았다. 패트리샤는 내가 그 길을 알려주리라는 기대로 팀워크로 백만장자 되기 세미나에 찾아왔다. 나는 길을 제대로 보여주었다. 하지만 그건 여름 휴양 캠프를 차리는 일과는 거리가 멀었다. 우선은 그랬다. 여름 휴양 캠프 설립은 일 자체는 적절했지만 때가 부적절했다.

부 창출 사이클 프로세스에는 자산에서 들어오는 소득과 사업체, 곧 현금 창출원에서 들어오는 돈이라는 두 가지 수입으로 사이클을 유지하고 지속해서 가속도를 높여줘야 한다. 직접 투자의 경우 자신과 자신의 비전보다 직접 투자에 더 좋은 건도 없다. 부는 여러 수입원에서 발생하여야 하고, 그중 하나는 당신 사업체에서 생겨나야 한다.

두뇌를 활용하라

돈을 더 많이 버는 일이 부 축적에서 핵심이 되는 촉매라는 점은 이해하면서도 그걸 어떻게 하는지 모르겠다고 말하는 사람이 대다수다. 사람들은 대개 자라면서 '일'이라는 세계의 일정 부분만 경험하고, 버는 법은 배우지 못한다. 현금 창출원과 관련한 선택사항을 고려하면서 당신은 크고 원대한, 그림의 떡 같은 목표를 생각할지 모른다. 나는 당신이 언젠가는 번듯한 사업체를 차리려는 목표가 있어야 한다고 생각하지만, 사업을 시작해야 한다고 말할 때 내가 의미하는 바는 그와는 다르다. 당신은 먼저 지금 있는 기술로 돈을 벌고 사업 운영 기술을 배운 뒤에, 당신이 좋아하는 일에 뛰어들어야 한다. 지금까지 한 번도 사업체를 운영한 적이 없다면 운영 기술이 아주 제한되어 있을 공산이 크다. 한 마디로 경험부족이다. 나는 당신에게 먼저 아주 익숙한 분야에서 사업을 시작하라고 강력하게 권한다. 그런 뒤에 거기서 배운 기술을 꿈에 적용하면 된다.

패트리샤 비슬리의 부 창출 계획

패트리샤 비슬리는 꼭 8분 만에 내가 던진 질문 8개에 답했다.

질문 1 : 월수입은 어떻게 되는가?

상황 분석 | 재정 상태 요약 | 법인

"4만 5,000달러를 12로 나눈 게 얼마든 그거겠죠."

패트리샤가 말했다.

질문 2 : 월 지출은 얼마인가?

상황 분석 | 재정 상태 요약 | 예측하기

"4만 5,000달러를 12로 나눈 금액이 얼마든 그보다 조금 많겠죠."

내가 패트리샤와 먼저 밟을 단계는 패트리샤가 재정에 접근하는 태도였다. 재정을 얼버무리려는 사람들은 사업도 얼버무린다.

질문 3 : 어떤 자산이 있는가?

상황 분석 | 재정 상태 요약 | 자산 배분

"현 직장 퇴직 계좌에 8만 달러가 있고, 은행에 5,000달러 저금해뒀어요. 그게 다예요. 아파트는 임대예요."

질문 4 : 어떤 부채가 있는가?

상황 분석 | 재정 상태 요약 | 부채 관리

"신용카드 빚이 1만 달러고, 지금도 늘어나는 중이지요."

질문 5 : 그밖에는 무엇이 있는가?

상황 분석 | 재정 상태 요약

"그게 다예요, 정말."

"개인연금 계좌는?"

"무슨 계좌요?"

패트리샤는 진심이었다. 나는 고개를 가로저은 뒤에 여섯 번째 질문으로 넘어갔다.

질문 6 : 당신은 무엇을 원하는가?

상황 분석　　자유의 날

"1억 달러와 월 현금흐름 20만 달러를 원해요."

"환상의 섬에 계시네요."

재정 상태 요약에서 자유의 날 사이에 놓인 간격이 엄청나다고 말하는 정도로는 부족할 것 같다. 우리는 1년 후 자유의 날 목표를 객관적인 목표로 낮춰서, 앞으로 나아가도록 자극과 영감이 되면서도 너무 위압적으로 느껴져서 포기하지 않도록 바꾸자고 이야기했다. 패트리샤는 조정하기로 동의했다.

"하지만 여름 휴양 캠프를 운영하겠다는 꿈은 절대로 바꾸지 않을 거예요."

패트리샤가 말했다.

"비영리로, 혜택받지 못한 애들을 위해서요."

거의 안절부절못하듯 속삭이는 목소리였다.

"대단해요. 이제 당신이 사는 환상의 섬에 현실 세계를 좀 접목해볼까요."

위 대화에서는 그렇게 보이지 않을지 모르지만, 나는 패트리샤가 비영리 여름 캠프를 만들고 싶어 하는 데 적극적으로 찬성했다. 사실 나는 그와 비슷한 비전으로 야외에서 젊은이를 교육하는 프로그램인 '라이프 스쿨'이라는 곳의 이사회 회원이다.

나는 부 창출에서 박애주의가 큰 부분을 차지한다고 믿는다. 자신의 성공을 기반으로 타인을 돕는 것이야말로 가장 보람 있는 사업이다. 그리고 받으려면 줘야 한다고 믿는 사람들로 구성된 단체를 만들면 주변에 진실하고 성실한 사람이 가득해진다.

하지만 패트리샤가 토대를 다지기도 전에 비영리 여름 캠프를 만들려고 한다면 둘 다 무너져 내렸을 것이다. 패트리샤의 생각은 좋았다. 다만 준비가 되지 않았을 뿐이었다. 패트리샤는 순서를 알아내어 적절한 때 적절한 일을 해야 했다.

나는 패트리샤에게 1년 만에 1,000만 달러를 벌게 해줄 수는 없었다. 나는 확실하고 꾸준한 부 창출 방법으로 부가 유지되게 하려 하지, 돈이 생기자마자 증발해 사라져버리는 빨리 부자 되기 비법은 전수하지 않는다. 하지만 패트리샤가 인생을 바꾸고 원하는 길에 올라서도록 해줄 수는 있었다. 나와 우리 팀은 좀 더 현실적인 목표를 다시 생각해 보았다.

질문7 : 돈을 벌기 위해 어떤 기술을 사용하는가?

상황 분석 | 현금 창출원

"저는 프로젝트 매니저예요. 웹디자인 회사에서 디자이너들과 기술자들을 감독하죠. 트래픽을 끌어올리고, 체계화하고, 관리해요. 기술 분야 이야기에도 능해요."

질문 8 : 부 창출 사이클을 만들어 시행할 뜻이 있는가?

상황 분석 | 리더십

"네 물론이죠."

패트리샤가 답했다.

8분간 8개 질문에 대답한 뒤 우리가 분석한 패트리샤의 재정 상황은 다음과 같았다.

투자할 자산도 없고 대단한 소득원도 없었기에, 패트리샤 비슬리의 부 창출 사이클 순서가 다음처럼 되어야 한다고 보았다.

상황 분석 → 재정 상태 요약 → 자유의 날

현금 창출원 → 법인 → 예측하기 →
부 창출 계좌 → 자산 배분 → 부채 관리

리더십 + 사고방식 조정 + 팀워크

패트리샤 비슬리의 부 설계

패트리샤가 부 창출 사이클 프로세스에서 처음으로 다뤄야 할 기본 요소는 '상황 분석'이었다. 상황 분석을 보면 꿈은 원대한데 유형 재원

1년 후 자유의 날 목표

- 수지맞는 사업 차리기
- 빚 청산하기
- 딸 대학 등록금 마련하기
- 자산소득 2,000달러/월 만들기

수입

자산

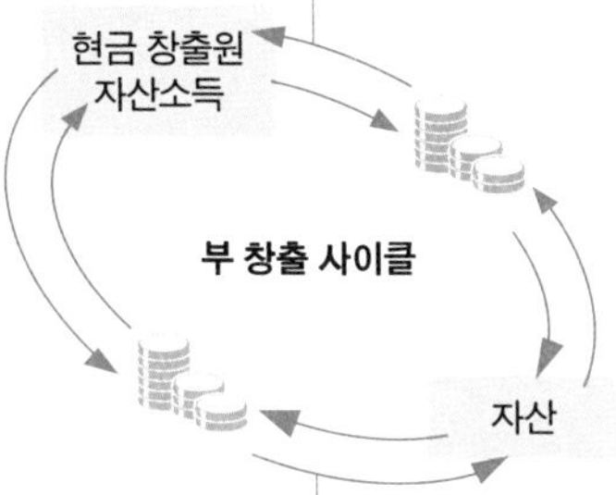

재정 상태 요약

세전 소득 : 3,750달러/월

지출 : 2,000달러/월

기술 : 프로젝트 관리, 웹디자인

자산 : 85,000달러

부채 : 10,000달러

- 직장연금 계좌 80,000달러
- 현금 5,000달러
- 신용카드 빚 10,000달러

이 없는 여성의 모습이 떠오른다. 내가 보기에 패트리샤는 빨리 돈을 벌어야 했다. 우리가 직장연금 계좌에 든 8만 달러에 손을 대려면 패트리샤가 직장을 그만둬야 했다. 패트리샤는 고개를 흔들었다. 그럴 수 없다는 뜻이었다.

"우리 딸이 지금 매달 청바지를 사 입어야 하는 그런 나이거든요."

"딸도 사업에 동참시켜서 스스로 사 입게 하죠. 그러면 사업도 더 커질 수 있을 거예요."

다음 순서는 '재정 상태 요약'이다. 패트리샤의 소득은 지출보다 적었고, 신용카드 빚도 갚아야 했으며, 자산은 조건부로 묶여 있었다. 상황을 다소 뒤흔들어야 했다. 거의 모든 부 창출 사이클이 그렇듯 패트리샤의 부 창출 계좌는 부채 관리와 보조를 맞추며 움직일 터였다. 우리는 패트리샤가 5단계 부채 정리 계획에 돌입하게 하고, 부 창출 계좌를 되도록 공격적으로 만들게 하고 싶었다. 부는 나선형 곡선으로 증가하고 부채는 나선형 곡선으로 줄어들게 하려고 했다.

부 창출 사이클을 움직이게 하려면 현금 창출원이라는 기본 요소에서 시작해야 했다. 패트리샤는 돈을 더 벌어야 했다. 패트리샤의 기술을 보니 웹디자인 회사를 차려서 현금 창출원으로 만들어보라고 제안해야겠다는 생각이 들었다. 패트리샤가 버는 법을 배우려면 배웠던 지식과 기술, 그리고 웹디자인 회사에서 프로젝트 관리자로서 맺은 관계를 활용하여 자기 회사를 세워야 했다. 패트리샤는 이 발상에 끌리지도 않았고 그렇게 하면 도리어 여름 캠프에서 동떨어지게 된다고 느꼈지만, 이렇게 해야 필요한 사업 노하우를 터득할 수 있을 터였다.

사업이 난해한 망상이 아닌 현실이 되어야 현금 창출원을 만들면서 귀중한 경험도 쌓을 수 있다. 예를 들자면 교사는 가정교습 학원을 차리고, 컴퓨터 프로그래머는 IT 사업을 시작하고, 학교 상담사는 가족·결혼상담소를 세워야 한다. 다니던 대기업을 떠났다가 컨설턴트로 그곳에 돌아갔을 때, 나는 직원으로 받던 연봉의 세 배를 벌었다. 그나저나 회사 그만두기를 꺼리는 것이 당신뿐이 아니라는 사실을 보여주기 위해 하는 말인데, 나도 충분히 준비가 된 뒤에야 회사를 떠났다. 그것은 내가 단지 수입원을 버리고 싶지 않아서가 아니었다. 그것은 내 마음에 '결핍'에 대한 생각이 남아 있었기 때문이었다.

당신은 반드시 사업주로서 필요한 기술, 이를테면 마케팅, 판매, 재무, 운영, 관리 기술을 갖춘 후에야 꿈꾸는 사업을 시작할 수 있다. 어떻게 결정하든 처음 사업은 다음의 사항에 부합해야 한다.

1. 진입 장벽이 낮아야 한다.
2. 투자할 수 있는 시간 안에 처리 가능해야 한다.
3. 당신의 능력을 뛰어넘는 것이어서는 안 된다.
4. 소득을 다양화해야 한다.
5. 투자 수익률이 높아야 한다.

당신에게 당장 직업이 있고 그만둘 생각이 없다면 이해한다. 그러나 전환 계획, 직장생활을 하는 상태에서 법인 제국과 다양한 수입원을 관리하는 상태로 옮겨가기 위한 다리는 염두에 둬야 한다. 놀랍게 들릴지 모르지만, 나는 사실 '사랑하는 일을 하면 돈이 따라온다'는 말은 믿지 않는다. 시인 아무나 붙잡고 주머니 사정이 어떤지 물어보면 백발백중 돈 좀 꿔달라고 말할 것이다. 나는 부 창출 사이클에서 상당한 현금이 들어오게 될 때까지 직장을 붙들고 있는 것이 중요하다고 생각한다.

그냥 '네'라고 말하고 방법은 나중에 찾아라

당신에게 어떤 기술이 있는가는 무엇으로 현금 창출원을 만들지 아이디어를 낼 때 가장 중요하게 고려해야 할 점이다. 그렇다고 가장 최근에 얻은 기술로 한정 지을 필요는 없다. 가령 어릴 적에 아기 돌보는 사람으로 일했다면 놀이방 같은 사업을 고려해볼 수 있다. 내가 도입부에서 언급한 의뢰인, 그러니까 법률 회사에서 접수원으로 일하다가 강아지 산책 사업을 성공적으로 해냈다는 사람은 자신에게 사업으로 전환할 만한 기술이 없다고 생각했었다. 그러다가 대학 다닐 때 동물병원에서 일하던 당시 자신이 동물들과 잘 지냈다는 점을 떠올렸다.

나는 또 시장을 보고 다른 공급자들이 무엇을 제시하는지, 어떤 특징이 인정받고 어떤 부분에 보충이 필요한지 살피라고 권한다. 나는 재무 교육 강사들이 세미나를 끝낸 뒤에 아무런 후속조치를 취하지 않는 모습을 보고서 코칭 사업을 시작했다. 결국에는 재무 코칭 아이디어를 정식 사업으로 만들기로 했다. 마지막에는 우리도 연사가 되었다. 그러나 업계의 구멍, 즉 세미나 후 지원이 부족하다는 점, 그리고 내게 있던 코칭 기술이 사업 시작에 도움이 되었다. 덧붙여 나는 의뢰인들에게 사업을 시작할 때는 크게 생각하라고 권한다. 한 번 만들어서 여러 번 파는 것이 가장 좋다. 그러므로 항상 낱개가 아니라 여러 개를 생각하라. 개별 판매는 진이 빠진다. 현금 창출원 아이디어는 '55세가 넘는 사람'과 같은 개인이 아니라 단체, 그러니까 '퇴직자 집단' 같은 곳과 '의뢰인 데이터베이스' 등을 판매 대상으로 해야 훨씬 이윤도 높고 효과적이다. 이미 비슷한 일을 하거나 서로 보완이 되는 사업을 하는 사람과 합작 회사를 세우는 것도 현금 창출원 만들기에 매우 유용하다.

출퇴근에 목 매인 사람들

내가 비생산적이라고 보는 접근법은 법인을 세우고 부 창출 사이클을 시작해놓고도 직장에서 완전히 손을 떼지 못해서 새로운 사업에 완벽하게 몰두하지 못하는 방식이다. 이렇게 하는 사람들은 양다리를 걸친 채 안정된 직장과 복리 후생에 매달리려고 하는데, 자산소득에 시간과 관심을 더 기울이면 정말로 탄력을 받게 되는데도 그렇게 한다. 이 시점이 되면 직장은 눈에 보이는 만큼의 안정성을 제공하지 못한다. 시간과 기회를 놓쳤다는 의미가 되기 때문이다. 릭 누넌은 투자와 자산 관리를 시작한 뒤에도 전형적인 양다리 걸치기로 일관하며 출퇴근과 계약 노예 상태에 목을 맸다.

사업 지침

사업을 차릴 때는 먼저 사업 지침을 만든다. 그러면 사업 착수에 필요한 단계의 순서를 정하고 예상되는 자금 계획을 세울 수 있다.

당신이 이것을 하도록 도와줄 참고 문헌은 무수히 많다. 이 훈련은 당신의 현재 기술과 잠재된 기술 사이의 간격을 매우는 데 도움이 될 뿐 아니라 진정 원하는 사업, 더 큰 꿈을 이루기 위한 일을 시작하기 전에 좋은 연습이 될 것이다.

패트리샤는 돈을 빠르게 벌어서 여름 캠프를 하고 싶어 했다. 그러나 나는 시작하기 전에 두 가지 동의를 얻어야 했다. 웹 사업을 시작하려고 노력할 것. 그리고 현재 생활 규모를 유지하면서 지출을 늘리지 않을 것. 나는 처음으로 코칭 사업을 시작했을 때 돈이 조금 있었지만 사업을 벌일 정도는 아니었고 빚도 지고 싶지 않았다. 나는 지프차와 컴퓨터를 빼고 모두 팔아 그만둔 직장에서 벌던 수입을 대체하기로 했다. 나는 방을 빌려서 조그마한 사무실을 냈다. 친구들과 같이 살면서 임대료를 조금만 냈다. 그리고 여덟 달 만에 원하는 수입을 올렸다.

현금 창출원을 활성화하라

분명히 하기 위해 말하자면 10만 달러 사업은 목표가 아니다. 평생 10만 달러 사업만 운영해서는 자유의 날에 다다르지 못한다. 차라리 직장에 다니는 편이 나을지도 모른다. 부 설계자가 되려면 규모가 100만 달러가 넘는 현금 창출원을 만들어 사람들이 당신을 위해 일하게 해야 한다. 그렇게 되면 정말로 부 창출 사이클에 속력이 붙는다.

수익 모델링

수익 모델링은 노력에 따른 보상을 얻을지 결정하는 데 도움이 된다.

"1년에 10만 달러 판매를 올릴 수 있다고 가정해보죠."

패트리샤는 입이 딱 벌어졌지만 나는 계산을 시작했다.

"1년에 10만 달러면 1달이면 8,333달러고, 이걸 20일로 나누면 하루에 419달러예요. 시간당 100달러를 청구하고 네 시간 동안 일할 거리를 찾으면 그게 400달러예요."

"그렇게 들으니 1년에 10만 달러보다 훨씬 해볼 만하다는 생각이 드네요."

패트리샤는 직원과 고객을 찾아내 시간당 100달러로 일주일에 20시간 일할 건수를 만드는 데 집중해야 했다. 그렇게 하면 사업 첫해에 총매출 10만 달러를 달성할 터였다.

바닥부터 다시 시작하지 마라

당신이 하려는 일을 누가 하고 있는지 살펴라. 아마도 누군가 당신이 하려는 일을 99%는 해놓았을 공산이 크므로, 잘 탐색해서 그들이 어떻게 하고 있는지 알아내어 비슷한 전술을 구사하라. 경쟁 업체의 인터넷 사이트를 살펴보고 들러서 조언을 구해도 좋다. 이렇게 할 때는 당신이 사업하는 곳과 멀리 떨어진 업체를 골라서 서로 시장을 침해하지 않게 하라. 그러면 나중에 그들이 사람을 많이 추천해줄 수도 있다.

마케팅

내가 보기에 대다수 기업가가 실패하는 부분은 마케팅이다. 이 사람들은 자기 사업을 어떻게 알려야 하는지 모른다. 혹은 알더라도 일단 의뢰인이나 고객을 어느 정도 모으고 나면 중단하거나 고객 유치 경로를 확보하지 않는다. 마케팅은 대개 대상 고객층에게서 이익을 내기까지 시간이 걸리고, 일단 고객이 문을 열고 들어오면 그 고객을 붙잡아두면서 다른 사람들도 계속 들어오게 해야 한다. 강력한 이메일을 발송하고 매력적인 웹사이트를 구축한 패트리샤는 자신을 빠르게 떠오르는 탁월한 디자인 회사로 마케팅했다. 웹디자인 분야에서 자신이 아는 사람들에게 다가갔고, 딸을 고용하여 젊은이들에게 일자리를 알선하거나 고객으로 데려오게 함으로써 완전히 새로운 시장도 개척하게 되었다. 게릴라 마케팅 전술로 초기 비용도 매우 적었다.

판매

고객 유치와 구매 요구가 열쇠다. 나는 마케터들이 사람을 안으로 들어오게 하기는 했는데 그 뒤에 거래를 성사시킬 사람이 없는 경우를 자주 본다.

시간을 최대한 활용하라

나는 한 푼도 벌지 못하는 듯 보이는 사업주들이 대개 둘 중 하나라는 점을 알게 되었다. 조직 구성이 엉망이어서 들어오는 대로 세금으로 나가거나, 아니면 단지 더 많이 파는 방법을 모르거나, 리더십이 필요해지는 때가 바로 이런 경우다. 사업주 대다수는 스스로 모든 일을 하지만, 사업이 성장하려면 일을 사람들에게 위임해야 한다. 누구도 당신처럼 일하거나 당신만큼 잘 해내지는 못한다. 실패는 피할 수 없으니, 팀원들이 제대로 실패하도록 훈련시켜야 한다. 당신 몸은 하나다. 당신이 특정 시간에 하는 업무가 가장 중요하고 시간을 최대한 활용하는 일이 아니라면, 그것은 적절한 업무가 아니다. 돈을 벌려고 할 때 첫 번째 목표는 마케팅이다. 주문을 끌어내고, 고객을 만들고, 그들이 다시 돌아오게 해야 한다.

내가 아는 한 고객은 1년간 어떤 사업을 하고 있었다. 내가 어떻게 되어 가냐고 물을 때마다, 그 여자는 다채로운 색상의 책자나 가격표를 보여주었다. 내가 그날 얼마를 벌었느냐고 물을 때마다 여자는 '0'이라고 답했다. "근데 이 책자 정말 멋지지 않아요?" 여자가 말했다. 부 창출 사이클은 훌륭한 아이디어나 멋진 책자와는 무관하다. 그것은 거리로 나가 돈을, 그것도 최대한 빠르게 버는 것이다. 일단 사업을 시작하여 사업 기술을 배웠다면, 더 큰 꿈을 추구하는 과정을 시작해도 좋다. 사업 비전이 따로 없지만 사업을 하고 싶다면, 관심 있는 프랜차이즈나 라이선스, 혹은 네트워크 마케팅에 대해 배워도 좋다.

다섯 달 동안 성장한 패트리샤의 웹디자인 회사는 부 창출 사이클에 월 8,000달러를 보태기 시작하게 되었다. 부 창출 계좌, 부채 관리, 딸아이 대학 학자금 계좌에 일정 금액을 떼어놓은 패트리샤는 1년 후 자유의 날 목표인 2,000달러 자산소득을 달성할 수 있었다.

부 창출 사이클의 다음 기본 요소는 '법인'이었다. 우리는 웹디자인 회사를 위해 유한책임회사를 세웠다. 나중에는 투자와 여름 캠프를 위한 법인도 세울 예정이었다.

'예측하기'로 가서, 패트리샤는 새로운 사업으로 적자를 상당 부분 줄일 수 있음이 분명했다. 현금 창출원으로 수입을 올릴 뿐 아니라, 사업비용으로 처리할 합법적 사업체도 있었기 때문이다.

경제 의식이 있는 상태에서 돈을 지출함으로써, 패트리샤가 사업을 키우고, 돈을 더 벌어 빚을 갚고, 부 창출 사이클이 성공할 확률은 높아질 터였다.

다음 단계는 '부 창출 계좌' 만들기였다. 우리는 곧바로 두 가지를 준비했다. 패트리샤의 개인 계좌와 유한책임회사를 위한 보유 계좌. 패트리샤는 매월 부 창출 계좌 우선 지급금 100달러를 두 계좌에 입금하기 시작했다. 그리고 나는 연금 계좌에 들어가는 돈을 줄이고 그 돈을 부 창출 계좌에 가속을 더하는 데 활용하라고 권했다. 사업이 확장되고 수입에서 더 많은 부분을 보유하게 되면서, 패트리샤는 두 계좌로 들어가는 부 창출 계좌 우선 지급금을 1,000달러로 늘릴 수 있었다.

여름 캠프라는 꿈에 자극을 받은 패트리샤는 웹디자인 회사에 고객을 유치하기 위해 열심히 일했다. 6개월 만에 패트리샤는 개인 부 창출 계좌에 3,000달러, 그리고 사업 보유 계좌, 자산 발생이 가능한 법인 부 창출 계좌에 3,000달러를 모았다.

패트리샤가 여전히 직장에 다니고 있었기에 직장연금 계좌는 건드릴 수 없었다. 하지만 다음은 할 수 있었다.

1. 현금 계좌에서 1,000달러를 꺼낸다.

2. 개인 부 창출 계좌에 있는 3,000달러를 활용한다.

3. 유한책임회사와 제휴하여 그곳 보유 계좌에 있는 3,000달러를 활용한다.

이렇게 해서 총 7,000달러를 직접 자산 배분에 쓸 수 있게 되었다. 패트리샤는 자산 일부를 재분배하여 월수입에 150달러를 더하게 되었고, 이것은 저절로 딸아이 대학 등록금 계좌로 들어갔다. 게다가 부동산이었기에 감가상각 이득도 있었다. 패트리샤는 또 비용 관리를 위한 법인을 세웠다. 적절한 때 적절한 일을 하게 되자, 현금 창출원에서 지출을 예측할 수 있게 해주는 법인들이 생기게 되었다. 이런 기본 요소들에는 패트리샤가 수입을 더 많이 보유하여 이를 부 창출 계좌와 부채 관리에 투입할 수 있게 해주는 세무 전략이 포함되어 있었다.

패트리샤는 부 창출 계좌에 돈을 넣기 시작하면서 5단계 부채 정리 계획으로 부채 관리에도 마음을 쓰기 시작했다. 6개월 동안 3,000달러를 부채 정리에 쓴 패트리샤는 똑같은 금액을 부 창출 계좌 두 곳에 넣었다. 웹디자인 회사도 매우 잘 되었고 비용도 훨씬 잘 관리할 수 있게 되었기에, 패트리샤는 12개월 만에 신용카드 빚 1만 달러를 상당히 갚았고 2년 뒤에는 모조리 갚을 수 있었다.

패트리샤가 웹디자인 회사를 세워야 한다는 데 불평하지 않게 된 직후, 나는 패트리샤가 리더십과 부 창출 이끌기에 전념하기 시작했음을 알았다. 패트리샤는 성공하기 위해 당시 생활방식을 유지한 채 현금 창출원 개발에 전념해야 했다. 이것은 '사고방식을 제어'하여 돈과의 관계를 통제한다는 뜻이다. 패트리샤는 딸애를 사업에 동참시킴으로써 딸도 마음가짐을 쉽게 바꾸도록 유도했다. 그런 뒤에는 팀워크로 강력한 팀을 짜서 자산과 현금 창출원 목표에 도달하도록 도움을 받아야 했다. 비전을 명확하게 전달하고 열정을 나누면 팀원들도 한 배에 타게 될 터였다.

인생 MBA

웹디자인 회사를 넘어서서 여름 캠프를 세울 준비가 되었을 때, 패트리샤는 마치 인생 MBA를 딴 사람 같았다. 패트리샤는 처음 시작할 때와 비교해서 한참 앞서나가게 되었고 그 결과 꿈을 실현하는 데 훨씬 효과적이고 효율적으로 움직이게 되었다. 여름 캠프는 본질적으로 비영리였지만, 패트리샤는 이를 진정한 사업으로 만들어 세련되고 내놓을 만한 사업 기획서로 교육 보조금과 개인 기부금을 확보하고, 고품질 마케팅 자료로 캠프에 참가할 사람을 끌어들이고 기금 조성을 뒷받침하며, 자문단을 선정하고 일류 직원을 뽑을 수 있게 되었다. 얼마 전까지지도 1년에 4만 5,000달러를 벌던 프로젝트 관리자가 원하는 일을 하고, 자원도 풍부해졌으며, 리더십으로 인정과 존경을 받고, 비전이 실현되는 세계에서 살게 되었다.

1년 후 자유의 날 목표	
• 수지맞는 사업 차리기 • 빚 청산하기 • 딸 대학 등록금 마련하기 • 자산소득 2,000달러/월 만들기	
수입	**자산**
현금 유입 5달간 준비기간을 거친 후에 월 8,000달러를 벌어들이는 웹디자인 회사 **자산 소득** 부동산 투자를 통해서 월 150달러의 현금 유입	• 자산 전환금 7,000달러로 현금 발생 • 부동산 한 곳에 임대 투자
재정 상태 요약 세전 소득 : 3,750달러/월 지출 : 2,000달러/월 기술 : 프로젝트 관리, 웹디자인 • 직장연금 계좌 80,000달러 • 현금 5,000달러 • 신용카드 빚 10,000달러	 자산 : 85,000달러 부채 : 10,000달러

The Millionaire Maker

ENTITIES

6 법인

재정을 정돈하고 풍요를 계획하자

내가 케리 킹슬리를 만난 때는 방송국 프로듀서와 레너드 가족과 일하게 되기 몇 년 전이다. 케리는 63세로 혼자서 애리조나 주 스코츠데일에 거주했다. 자녀들은 모두 자라서 독립한 상태였다. 나와 만났을 때 케리는 사업으로 돈을 많이 벌었지만 개인적인 돈은 거의 없었다. 그리고 케리에게는 돈이 필요했다. 어머니가 아파서 보살펴야 했기에, 일을 사랑하는 케리였지만 상황 때문에 일을 줄여야만 했기 때문이다.

풍요로움을 계획하다

우리와 만났을 때 케리는 이미 부동산 투자를 시작했고, 헤드헌팅 회사와 인력 공급업체 두 개의 사업체가 있었으며, 사실상 이러한 투자를 위해 소규모 법인 세 곳을 세웠었다. 그러나 사업 소득과 비용이 매해 개인 소득세 신고로 빠져나가고 있었다. 사업 구조를 제대로 갖추지 못했기에 엄청난 세금 부담을 지고 있었던 것이다.

케리는 세무 전략을 더 잘 활용하게 해주는 구조로 법인을 바로잡아야 했다. 우리는 상황 분석 도표를 그렸고, 케리는 8분도 되기 전에 8개 질문에 쉽게 답해주었다.

질문 1 : 월수입은 얼마인가?

상황 분석 | 재정 상태 요약 | 법인

"월 1만 5,000달러예요."

질문 2 : 월 지출은 얼마인가?

상황 분석 | 재정 상태 요약 | 예상

"매달 5,000달러 정도 써요. 세금을 제하면 사실 그게 다죠."

질문 3 : 어떤 자산이 있는가?

상황 분석 | 재정 상태 요약 | 자산 배분

"부동산이 100만 달러 정도 있고, 우리 집에도 50만 달러 정도 있어요."

질문 4 : 어떤 부채가 있는가?

상황 분석 | 재정 상태 요약 | 부채 관리

"주택 융자금 20만 달러하고, 부동산에 70만 달러가 있어요."

질문 5 : 그밖에는 무엇이 있는가?

상황 분석 | 재정 상태 요약

"개인연금 계좌에 3만 달러가 있고, 총 12만 5,000달러가 있네요."

질문 6 : 당신은 무엇을 원하는가?

상황 분석 | 자유의 날

"지금보다 월 현금 흐름이 세 배로 많아지면 좋겠어요."

질문 7 : 돈을 벌기 위해 어떤 기술을 사용하는가?

상황 분석 | 현금 창출원

"저는 인력 관리 전문가예요. 헤드헌팅 회사도 있고. 의사소통과 인맥 형성, 사람들을 보살피는 데 능숙하죠. 그게 제가 하는 일이에요. 사람들 보살피는 거. 사실 너무 많이 보살피려고 하는 것 같아요."

질문 8 : 부 창출 사이클을 만들어 시행할 뜻이 있는가?

상황 분석 | 리더십

"그럼요, 당연하죠."

즉시 케리가 따라가야 할 순서가 떠올랐다. 우리는 케리의 법인 구조를 바꾼 뒤에 현금 창출원이 부 창출 사이클에 연료를 충분히 공급하도록 해야 했다.

상황 분석 → 재정 상태 요약 → 자유의 날

법인 → 예측하기 → 현금 창출원 →
부 창출 계좌 → 자산 배분 → 부채 관리

리더십 + 사고방식 조정 + 팀워크

케리 킹슬리의 부 창출 계획

핵심 정보를 눈앞에 펼쳐두고 나자 케리 킹슬리의 부 창출 사이클 프로세스를 시작할 준비가 되었다. '상황 분석'을 해보니 케리가 돈을 버는 데는 능숙하지만 잘 유지하지는 못한다는 점이 분명해졌다. 케리의 '재정 상태 요약'에서 나를 놀라 넘어지게 한 것은 자산에서 벌어들이는 소득액이었다. 케리는 더 나은 방법으로 돈을 벌고 자산을 구조화해야 했다.

'자유의 날'을 보면 케리의 목표는 소득을 세 배로 늘리는 것이었고, 이는 월 4만 5,000달러를 벌어야 함을 뜻했다. 케리는 법인 구조를 바꾸고 현금 창출원을 강화하여 소득에서 더 많은 부분을 유지하고, 사업을 키우며 어머니를 보살필 수 있었다.

케리는 '법인'을 즉시 손 봐야 했다. 케리는 부동산 보유분을 법인 안에 넣어야 한다는 점은 알았지만 엉뚱한 법인을 택했다. 소규모 법인 하나는 사업체를 위해 적절했지만, 부채로부터 부동산을 보호하려면 유한책임회사가 필요했다. 게다가 현금 창출원에서 돈을 많이 벌었기에, 매년 말 소규모법인을 통해 세금으로 빠져나가는 돈이 압도적으로 많았다. 훌륭한 회계사라면 회사 두 군데 가운데 하나, 예를 들어 헤드헌팅 회사는 일반 법인으로 하고 나머지 하나인 인력 공급업체는 소규모 법인으로 해야 한다고 설명했을 것이다.

일반 법인(내국 세법Internal Revenue Code에서 하위항목 C로 구별되어 세금을 매긴다)에서는 회사의 소득과 비용이 회사에 종속된다. 이 경우 케리는 회사에서 지급하는 봉급이나 회사가 지급하는 배당금으로 돈을 벌 터였다. 따라서 자산과 직원이 있는 헤드헌팅 회사는 소규모 법인으로는 불가능한 특정 세무 전략을 활용할 수 있었다. 케리는 또 일반 법인으로 소규모 법인과 관련한 마케팅, 관리, 서비스 공급, 운영, 상품 유통

1년 후 자유의 날 목표

- 현금 유입 45,000달러/월
- 사업은 키우고 일은 줄이기
- 어머니 보살피기
- 법인 구조 수정해서 번 돈을 더 많이 보유하기

수입

자산

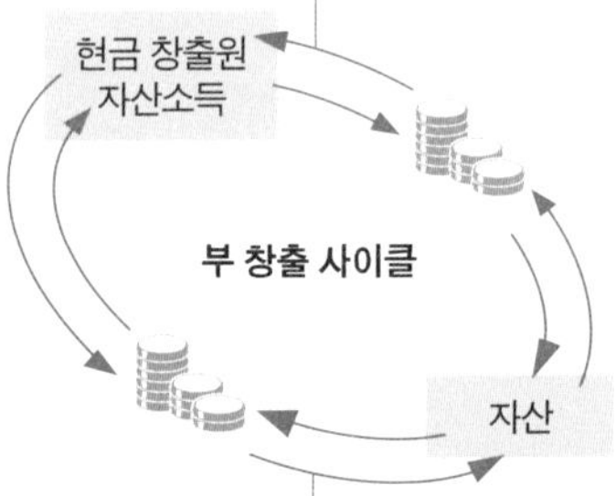

재정 상태 요약

세전 소득 : 15,000달러/월

지출 : 5,000달러/월

기술 : 인력 관리, 의사소통, 인맥 형성

자산 : 1,655,000달러

부채 : 900,000달러

- 부동산 투자 1,000,000달러
- 주택 순가치 500,000달러
- 주택 융자금 200,000달러
- 부동산 융자금 700,000달러
- SEP 개인연금 계좌 30,000달러
- 현금 125,000달러

을 할 수 있다. 그러면 일반 법인이 지급할 비용은 소규모 법인의 세전 수입에서 나간다. 일반 법인은 비용을 공제할 수 있을 뿐 아니라 회계 연도의 끝을 1년 안에서 마음대로 정할 수 있고, 그렇게 해서 세금 지급을 연기할 수가 있다.

덧붙여 현금 창출원에서 발생하는 수입을 늘리기 위해 케리는 몇 가지 상품을 수익모델에 추가했다. 일반 법인은 이 상품들 관련 제조, 마케팅, 운영, 주문 처리, 행정 업무도 할 수 있다.

법인은 중요하다

백만장자가 되고 싶다면 백만장자처럼 행동해야 한다. 내가 아는 부자 대다수는 법인과 트러스트, 그리고 자선단체를 몇 개씩 갖고 있다. 빌과 멜린다 게이츠 파운데이션이 그렇다. 이런 법인의 목적은 다음과 같다.

1. 세무 전략을 극대화한다.
2. 부채로부터 보호한다.
3. 자산을 보호한다.
4. 여러 수입원으로 부를 지속적으로 가속한다.
5. 투자기회를 최적화한다.

당신은 설립 가능한 합법적 법인과 그 세금 관련 사항을 반드시 이해해야 한다. 추정에 따르면 세법 내용이 6만 쪽에 이르지만 미국 내 회계사 대다수는 의뢰인을 도와줄 때 그 가운데 50에서 100개만 활용한다. 아마도 그런 까닭에 2005년 4월 15일에 미국인들이 세금으로 수십억 달러를 더 지급했을 것이다. 당신은 자신의 계획을 뒷받침해 줄 방법을 아는 재정 설계자나 회계사를 찾아내야 한다. 찾아보면 찾을 수 있다. 멘토에게 추천해달라고 해도 좋고, 그밖에도 여러 곳에서 알아볼 수 있다. 좋은 회계사는 부 창출 팀에서 가장 중요한 일원이 될 것이고, 부 유지에서는 더욱 중요한 역할을 할 터이다.

부채를 정리하고 부 창출 사이클을 만들어나갈 때, 우리는 당신이 이미 부자인 양 생활양식을 조정하려고 한다. 당신이 부를 기쁘게 맞이하게 하기 위해서다. 돈은 혼돈 속으로 오지 않으므로 당신은 부를 반기고 보호할 수 있는 집을 만들어야 한다.

개인 은행 계좌가 아니라 법인에 돈을 보존하면 몇 가지 이점이 있다. 가장 큰 이점은 자산을 적절히 보호하고 위험을 최소화하여 자산 기반을 키우고 유지할 모든 기회를 누리게 되고, 그 결과 부를 키우고 유지할 수 있다는 면이다. 사업체, 부동산, 지적 재산, 특허 기술, 공정, 서비스, 상품 등 최소한 자산을 보호할 수는 있다. 게다가 개인 부채에서 자신을 보호하고, 자신의 재산이 드러나지 않게 하고, 부와 사적인 소동을 분리시키며, 세법에 기록된 권리에 따라 세무 전략을 극대화할 수 있다.

미국 세법은 크게 두 가지 구조로 구분된다. 하나는 직원을 위한 세법이고 하나는 법인을 위한 세법이다. 알다시피 직원은 소득에 따라 세금을 매기고 대개 이 세금은 수당에서 공제된다. 반면 법인은 스스로 세금을 관리한다. 여기에는 적절한 사업비용을 공제하는 것도 해당된다. 미국에는 개인이 부를 보유하고 보호하는 데 활용할 수 있는 합법적 단체가 여럿 있다. 이는 그것을 소유한 납세자가 누구인가에 따라 각기 다른데, 사회보장번호와는 무관한 고용주번호EIN를 할당받는다. 법적 보호, 세금 관련 문제, 개인 책임과 의무는 각기 다르다. 어떤 사람이 투자를 어떻게 구성하고 이 도구를 어떻게 활용하는가에 따라 세금과 법률 관련 문제가 크게 달라진다.

다음은 부자들이 공통적으로 활용하는 법인들을 간략히 설명한 내용으로, 변호사나 회계사의 조언을 들어서 부 창출 사이클을 만들려 할 때 반드시 이를 고려해야 한다. 주마다 법인 관련 규제를 매년 변경하므로 변호사나 회계사에게 지속적으로 조언을 받아 어떻게 변하는지 알아야 한다. 다시 말하지만 시간을 들여서 훌륭한 변호사와 회계사를 찾아라. 이들은 당신의 성공 능력에 중심 요소가 될 터이다. 다음 예들은 미국에 실제로 있는 이야기고, 기타 여러 나라에서도 비슷한 사례를 찾을 수 있다.

일반 법인C Corporation

표준 기업 법인으로서 발생하는 소득에 따라 세금을 내는 영리 기업의 전형적인 체제다. 일반 법인(C는 국세청 코드에서 하위구분 C를 나타낸다)을 만들면 설립자 자신과 분리된 법인체가 생기고, 주주는 법인의 부채나 행동에 대해 개인적으로 책임질 필요가 없다. 일반법인은 고유한 권한에 따라 행동하고, 스스로 세금을 분류하고, 무한히 많은 주주를 둘 수 있으며, 주주 자체가 법인이어도 된다. 일반 법인은 자산을 보유하고, 채무를 일으키고, 재화나 서비스를 제공할 수 있다. 일반 법인은 약 300가지 공제 가능한 비용에 대한 조건을 따라야 한다. 회계 연도는 언제라도 마감할 수 있다는 점에서 융통성이 있다. 십중팔구는 보통 한 해가 끝날 때나 사분기 끝에 회계 연도를 마감한다. 운영소득에 따라 세금을 내고 모든 배당금은 과세 대상으로 분류되는데, 이는 실상 일반 법인의 주주들이 이중으로 세금을 부과해야 함을 뜻한다. 정부가 먼저 법인의 소득세를 가져가고, 다시 그 시점의 세법에 따라 주주들에게 지급한 배당금에서 세금을 거둬들이기 때문이다. 그러나 장점을 보자면 일반 법인은 회사가 벌어들이는 초기 5만 달러에 대해서는 세금 부과율이 낮다는 점이 있다. 일반 법인을 만들어 그곳을 고용해 다른 법인을 관리하는 방법은 우리가 케리 킹슬리에게 제안한 것으로, 현금흐름을 여러 회계 연도에 재분배하고 여러 세금 공제 혜택을 받을 기회가 생기게 되기도 한다.

소규모 법인S Corporation

대개 규모가 작은 회사로 주주가 75명 이하지만 일반 법인과 마찬가지로 정부가 인가한 법인으로서, 주주를 법적 책임에서 보호해준다. 소규모 법인(소규모 법인을 하위구분 S라고 부르기도 하는데, 국세청 코드에 하위 구분 S 아래 등재되어 있기 때문)은 소득세를 내지 않는다. 모든 손익이 곧바로 주주에게 넘어가고 주주가 세금을 책임진다. 그러나 주주는 일반 법인의 경우처럼 이중으로 세금을 물지는 않는다. 그래서 제휴와 비슷한 모양이 된다. 소규모 법인은 거의 150개가량 되는 비용 공제 조건을 맞춰야 하고, 복합 기업 전략의 일환으로 사용할 수 있다.

신생 기업에도 유리한 것이 회사 손실을 개인에게 넘겨서 개인 소득이 적게 표시되게 할 수도 있기 때문이다. 의회와 국세청은 이 법안으로 소규모 법인 소유주들이 기타 소득에 대해 손실을 활용하는 이런 방법을 제공하여 사업 시작을 장려하고 있다. 회사가 더 소득을 많이 벌어들이기 시작하면 소유주는 쉽게 일반 법인으로 전환할 수 있다.

합자회사Limited Partnership

합자회사란 주식회사가 아니라 하나 이상의 무한 책임 파트너와 하나 이상의 유한 책임 파트너를 둔 사업조직이다. 합자회사는 각 주의 법에 따라 만들어지고, 국무장관이 등록하고 인가한다. 합자회사는 합명회사General Partnership와 구분해야 한다. 합명회사는 독립된 세금 적용 단체가 아니라 '통과' 회사인데, 설명하자면 사업 소득이 회사를 통과하여 파트너들에게 전달되면 파트너가 자신이 배당받은 손익을 소득세로 신고하는 방식이다. 합자회사에서 무한 책임 파트너는 사업을 관리하는 적극적 투자자들이고 그 채무와 법적 책임을 떠맡아야 한다. 자산이 많든 적든 이들은 100% 그 자산을 책임져야 한다. 유한 책임 파트너는 현금흐름은 나누어 갖지만 사업 권한은 없는 소극적 투자자다. 이들은 투자에 대한 책임 외에는 다른 책임을 지지 않는다. 무한책임 파트너는 주식회사인 경우가 많은데, 회사는 재무와 법적 책임을 모두 떠맡지만 그 회사의 지분을 소유한 사람은 책임이 없다. 무한 책임 파트너의 자산은 늘 위험에 드러나 있게 된다. 파트너는 누구나 현금 혹은 그와 견줄 만한 가치가 있는 것, 이를테면 토지나 노동 제공으로 사업 재정에 기여해야 한다. 유한 책임 파트너는 관계자들이 동등

한 입지를 원하지 않거나, 어떤 관계자는 소극적이고 책임을 맡지 않는 상태가 되기를 원하는데 다른 이들은 사업을 관리하고자 할 때 적절하다.

가족 합자회사Family Limited Partnership

가족 합자회사는 대다수 파트너가 가족 구성원인 합자회사다. 유산세 관련한 법률을 미뤄주는 이 회사는 가족의 자산 보호와 재산 보호에 유리한 도구다. 가족 합자회사의 구조는 합자회사와 동일한데, 다만 부모나 조부모가 자산을 넣고 무한 책임 파트너로 활동하고, 유한책임 파트너 이익을 자식이나 손자에게 준다는 점만 다르다. 다시 말해서 부모가 자산을 포기하는 대신 통제력은 유지한다는 뜻이다. 소득세 지급 의무는 자동으로 파트너에게 넘어가지만, 현금은 오직 무한책임 파트너의 처분에 따라서 분배된다. 가족 합자회사에서는 14세 이하 아동은 세금을 내지 않지만 14세가 되는 대로 소유 지분에 따라 세금을 지급해야 한다.

유한책임회사LLC

유한책임회사는 합자회사도 아니고 주식회사도 아니다. 이것은 주식회사와 합자회사의 장점을 조합한 조직체다. 책임 보호를 위한 독립 법인으로서, 유한책임회사는 유한 책임이라는 이점이 있다. 유한책임회사 참가자는 회사의 부채에 대한 개인 책임에서 보호를 받고 단지 회사에 투자한 만큼만 책임진다. 또한 일반 법인으로 과세되기를 원하지 않는 한 합자회사 방식으로 과세가 통과되는 이점을 누린다. 유한

책임회사 관계자는 회원Member이라고 하고, 관리자인 회원이 사업 결성을 주도하기는 하지만 모든 회원이 동등하게 대우받거나, 조직 운영 방안의 계약 항목에 기록된 대로 대우받는다. 유한책임회사는 세금과 책임의 관점에서 소규모법인과 거의 동일하지만, 연간 보고 조건과 기타 유동적인 세금 처리법 덕분에 오늘날 가장 인기 있는 법인 구조가 되었고, 특히 부동산 투자 분야에서 인기를 끌고 있다.

트러스트Trust

트러스트란 한 사람 이상이 재산의 법적 권리를 갖도록 하기 위해 만드는 합법적 조직이다. 트러스트에는 대개 세 부류의 관계자가 있다.

1. 트러스트 설립자 혹은 양도인으로 트러스트를 만드는 사람
2. 수탁인, 곧 재산의 법적 권리를 갖는 사람이나 단체
3. 신탁 수익자, 곧 트러스트에서 이익을 보는 사람

트러스트는 독립 법인으로서 유산 상속 계획에 활용하며, 때로는 자산 보호 목적으로도 만든다. 전형적으로는 채권자의 손길이 미치지 않고 기타 부채 청산 의무에서 보호를 받지만, 오직 취소할 수 없는 경우 다시 말해서 양도인이 바꿀 수 없는 트러스트인 경우에만 가능한데 늘 이렇게 되지는 않는다. 예를 들어, 가족 리빙 트러스트Living Trust는 취소가 가능해서, 유언 검인을 받지 않아도 되지만 책임 보호는 되지 않는다. 따라서 리빙 트러스트가 있는데 자산을 보호하고 싶다면, 책임에서 자신을 보호할 또 다른 회사나 법인이 필요하게 된다. 트러스

트는 또한 수익자 자신도 정해진 날짜가 되기 전에는 건드릴 수 없으며 경우에 따라 일정 재산을 면세로 증여하기 위해서 활용할 수도 있다. 나는 항상 트러스트를 법인과 회사 모두를 아우르는 조직으로 만들어서 당신이 아니라 트러스트가 당신 사업체들의 관계자로 기록되게 하라고 권한다. 그렇게 하면 '당신'이 돈을 버는 것이 아니라 당신 '회사'가 돈을 버는 셈이 된다.

세무 전략 극대화하기

내 경험에 따르면 대다수 사업주와 투자자는 합법적 사업 공제를 제대로 활용하지 않는다. 공제 가능한 사업비용을 개인 기금으로 지급해버린다. 이 때문에 상당한 돈을 써버려서 사업이나 기타 부 창출 자산에 투자하지 못하게 된다. 합법적인 사업체를 통해 각종 비용에서 공제 가능한 세금을 최소화해야 한다.

자신의 상황이나 전략이 무엇이든 적절히 문서화하고 재무 상태를 이해하는 일은 부 창출을 극대화하는 데 핵심이다. 그러려면 장부를 정확하게 기록해야 한다. 세금에서 특정 항목의 비용을 공제받고 싶다면 그 항목의 정확한 비용, 구매 날짜, 구매 설명, 용도 등을 기입하여 공제에 정당성을 부여해야 한다. 바로 이때 체크카드나 신용카드와 계산서가 여러모로 이롭다. 물론 신용카드 대금을 즉시 지급할 때 이야기다. 내가 자주 가는 어떤 매장은 단지 기록을 남기려고 고객에게 세 번이나 줄을 서서 각기 다른 신용카드로 결제하게 만든다.

부 창출 계획의 세부 프로세스

케리가 돈을 많이 벌지만 자신에게 돌아오는 돈은 적다는 점을 고려할 때 '예측하기'는 부 창출 사이클에서 중요한 기본 요소가 될 터였다. 우리 팀과 나는 케리에게 소규모 법인 가운데 하나만 남기고 하나는 나중에 활용하도록 대기시켜두고 나머지 하나는 없애라고 권했다. 그런 뒤에는 부동산 투자를 위해서 유한책임회사를 세우고 헤드헌팅 회사를 위해서 일반 법인을 세울 준비를 했다.

케리의 사업이 잘되고 있기는 했지만 우리 둘 다 그것이 현금 창출원으로서 개선할 여지가 있다고 생각했다. 케리는 서비스와 함께 판매할 상품을 만들었지만 기대만큼 수입이 들어오지는 않았다. 우리는 마케팅 계획을 적용하고 서비스와 몇몇 상품을 묶어서 판매해 이익이 나도록 조정했다. 케리는 사업 지침을 새로 만들고 마케팅과 유통에 집중했다. 여기에 상품 마케팅을 위해 회사를 하나 더 세워서 비용을 관리하고 상품과 서비스 비용이 뒤섞이지 않도록 했다. 마케팅과 판매 노력에 가속이 붙으면서 다섯 달이 지나기 전에 판매가 1만 5,000달러에서 세 배로 뛰어 4만 5,000달러가 되었다.

케리가 기존 회계사를 해고하고 새로 고용한 뒤에 우리는 개인 부 창출 계좌와 몇몇 보유 계좌를 각 법인에 만들었다. 케리는 자산 부분에 투자를 늘릴 생각이었고, 생활 유지를 위해 자체 은행을 만들어야 했다. 여기에 케리는 다음을 할 의사가 있었다.

1. 주택 순가치에서 20만 달러를 뺀다.

2. 다른 부동산에 묶인 돈에서 재융자로 10만 달러를 뺀다.

3. 연금 계좌에 있는 3만 달러를 꺼내 자율연금 계좌로 옮긴다.

4. 현금 10만 달러를 더 나은 소득 발생 자산에 투자한다.

이렇게 하여 총 43만 달러를 다양한 방식으로 공격적 소득 발생 자산에 직접 투자할 수 있게 되었다.

케리는 이미 부동산에 투자를 많이 했기에 자산을 다소 다각화하기를 원했다. 몇몇 현장 파트너가 새로 사업을 시작하고 있었는데, 양쪽 모두 즉각적인 현금 유입과 잠재 시세 상승과 감가상각이 보장되는 일이었다. 케리는 국세청과 증권거래위원회에서 공인할 정도로 순자산을 보유하고 있었으므로, 나는 과감한 방식으로 해보겠다는 케리의 뜻을 지지했다.

케리는 여기서 월 4,000달러 자산소득을 얻게 되었다. 그중에서 2,000달러는 어머니를 보살펴줄 사람을 추가 고용하는 데 사용할 예정이었다. 현금 창출원을 키우는 일은 이제 손가락 하나 까딱하지 않아도 되었다. 부채 관리 부문을 보자면, 융자는 고정 저금리로 냈기에 그냥 둬도 되었고 신용카드 빚은 없었다.

케리는 스스로 보호자가 되어야 한다는 '사고방식'에 빠져 있었다. 케리는 상당히 많은 사람을 책임져야 한다고 느꼈고, 병든 어머니도 예외는 아니었다. 현금 창출원 관리에 성공하려면 케리는 스스로 모든 일을 하려는 성향을 버리고 팀워크로 도움을 받아야 했다. 팀을 짤 때는 기준을 높게 잡아야 한다. 케리는 리더 역할을 맡아야 했다. 팀을 구성할 때는 전문가들을 면밀히 따져보아 자신의 필요에 가장 잘 어울리는 사람을 선택해야 한다. 케리는 이전에 법인 설립 방식에 대해 나쁜 조언을 들었다. 나는 법인을 제대로 구성하는 방법을 혼동하고, 실상 문제를 해결하기보다 더 많이 만들어내는 회사를 너무나도 많이 봐왔다. 게다가 공인 재정 설계사라면서 배운 것 이상은 생각하지 못하고, 수수료는 잠시 잊어버리고 의뢰인이 최적의 투자 도구와 전략을 활용하게 도와주지 못하는 이들도 보았다.

부 창출에서 가장 큰 문제는 사람들이 물러서서 전문가의 조언이 필요하다고 느낄 때까지 기다린다는 사실이다. 다시 말해서 걱정이 될 정도로 부가 쌓일 때까지 기다리려고 하는데, 사실은 그와 정반대로 해야 한다. 마무리가 좋으려면 시작이 좋아야 한다. 정말 뛰어난 조언과 전문적인 코치가 필요한 시기는 부 창출 초기 단계다. 훌륭한 팀은 당신이 배우는 과정에서 실수를 저질러 시간과 돈을 낭비하지 않도록 도와준다. 부 창출 계획을 막 시작하는 처지라 해도 가능한 한 최고의 팀, 주도적인 전문가로 구성된 팀을 만들고 이끌어야 한다.

적절한 일에 대해 지금 걱정하기

케리는 법인을 조정하여 정비하고 나자 현금 창출원 키우기와 부 창출 사이클에 연료 공급하기에 집중할 수 있게 되었다. 훌륭한 조언자를 활용하자 스트레스도 놀랍게 줄어들었다. 법인들을 제 위치에 놓는 일이 첫 번째 난관이었다. 그런 뒤에는 비용과 예측 전략을 부지런히 이끄는 데만 전념하면 되었다.

1년 후 자유의 날 목표

- 현금 유입 45,000달러/월
- 사업은 키우고 일은 줄이기
- 어머니 보살피기
- 법인 구조 수정해서 번 돈을 더 많이 보유하기

수입	자산
현금 유입 2,000달러/월 1,000달러/월 1,000달러/월 **가격 상승** 2년간 456,000달러 예상	• 100,000달러를 연 수익이 24퍼센트인 사업에 투자 • 50,000달러를 연 수익이 24퍼센트인 사업에 투자 • 수익률 12퍼센트 약속어음에 100,000달러 투자 • 180,000달러를 토지 매입에 투자

재정 상태 요약

세전 소득 : 15,000달러/월

지출 : 5,000달러/월

기술 : 인력 관리, 의사소통, 인맥 형성

자산 : 1,655,000달러

부채 : 900,000달러

- 6퍼센트에 300,000달러를 리파이낸싱 받아 지출금이 1,500달러/월 늘었음

FORECASTING

7

예측하기

감정을 통제하고 의도에 따라 지출하기

부 창출 사이클 프로세스를 적용하면 돈을 어떻게 쓸지 의도적이고 신중하게 계획하게 된다. 현재 해야 할 일들을 보고 수입을 얼마나 늘릴 수 있을지 따지기보다, 예측하기 기법으로 적게 기대하는 좁은 세계에서 벗어나 더 크고 웅대하고 실천가능한 꿈의 세계로 움직이게 된다.

당신만의 부 창출 계획을 설계하고 이를 예측하려면 수입과 비용을 분리하여 개인과 사업이라는 범주로 구분해야 한다. 먼저 세무 전략을 극대화해야 하는데, 그러려면 법인을 만들고 합법적인 사업 지출을 개인 계좌에서 지급하지 말고 공제하는 것을 잊지 말아야 한다. 나는 직장에 다닐 때마다 또 다른 수입원, 곧 현금 창출원이 있어서 그곳을 통해 합법적인 사업비용을 예측하고 세무 혜택을 극대화했다. 예를 들어 정유 회사에 다니던 때는 건강 관련 고객들에게서 월 1,000달러 정도를 벌며 세무 전략을 활용했다.

구멍 뚫린 부대

짐 퀼린은 캔자스 주 토피카에 거주하는 건강 트레이너다. 그는 스물다섯에 독신이었고, 건강 트레이닝 사업이 잘되고 있다고 믿었지만 분명 충분히 잘되지는 않았으니, 임대료도 겨우 내고 있었기 때문이다. 사실 짐은 매달 적자에 시달렸다.

질문1 : 월수입은 얼마인가?

상황 분석 | 재정 상태 요약 | 법인

"1년에 총수입이 8만 달러이고, 1주에 625달러를 저 자신에게 지급하고 거기서 소득세를 내죠."

질문2 : 월 지출은 얼마인가?

상황 분석 | 재정 상태 요약 | 예측하기

"매달 3,000달러 정도 지출합니다."

짐 퀼린의 재정 상태는 뒤죽박죽이었다. 짐의 회사는 연간 8만 달러를 벌지만 절반 이상을 세금과 지출로 쓰고 있었다. 세무 전략을 제대로 활용하지 않았기 때문이다. 예측하는 법을 배우고 나면 짐은 수입에서 더 많은 부분을 유지하고 재빠르게 상황을 정리하게 될 것이다.

질문3 : 어떤 자산이 있는가?

상황 분석 | 재정 상태 요약 | 자산 배분

"사업인 것 같아요. 그래봐야 저랑 웨이트 트레이닝 받는 사람 몇 명이 다지만. 5,000달러라는 엄청난 돈을 SEP개인연금 계좌에 넣은 게 다예요. 아파트는 임대고요."

질문4 : 어떤 부채가 있는가?

상황 분석 | 재정 상태 요약 | 부채 관리

"사업체에 빚이 조금 있어요, 체육관 임대하고. 마케팅과 장비 구입 등에 든 3만 달러 정도요."

질문5 : 그밖에는 무엇이 있는가?

상황 분석 | 재정 상태 요약

"신용카드에 3,000달러 정도 빚을 지고 있는데 없어지지가 않네요. 매달 적자에 시달리고 있어요. 열심히 벌고 있다고 생각하는데 항상 돈이 부족해요. 참 이상한 일이에요. 저도 그 이유를 잘 모르겠어요."

질문6 : 당신은 무엇을 원하는가?

상황 분석 | 재정 상태 요약

"버는 돈을 실제로 좀 만져봤으면 좋겠어요, 무슨 말인지 아시죠?"

물론 나는 정확히 알았다.

"제 생각에는 이 사업으로 20만 달러는 벌 수 있다고 봐요. 10만 달러는 자산에 투자해두고, 수중에 떨어지는 돈이 월 5,000달러가 되면 좋겠어요. 빚도 줄이고 싶고요."

질문7 : 돈을 벌기 위해 어떤 기술을 사용하는가?

상황분석 | 현금 창출원

"저는 건강 트레이너예요. 생리학과 영양학에 대해 알고 사교 기술도 좋죠. 그리고 사업을 만들어 운영하고요. 예산 짜기 등이요. 마케팅도 조금 알아요. 물론 충분하진 않지만."

질문8 : 부 창출 사이클을 만들어 시행할 뜻이 있는가?

상황 분석 | 리더십

"당연히 그래야죠."

1년 후 자유의 날 목표

- 200,000달러 사업 수익
- 5,000달러/월 현금 소득
- 100,000달러 투자 자산
- 부채 정리 계획 시행

수입

자산

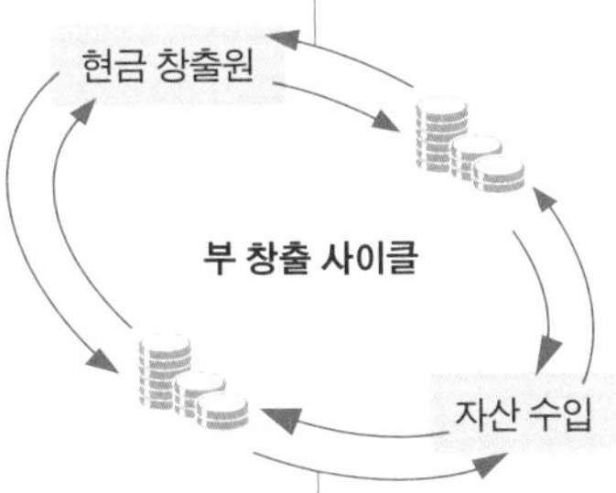

재정 상태 요약

세전 소득 : 2,500달러/월

지출 : 3,000달러/월

기술 : 건강, 영양, 인간관계

자산 : 5,000달러

부채 : 33,000달러

- SEP 개인연금 계좌 5,000달러
- 사업을 위해 은행 빚 30,000달러
- 신용카드 빚 3,000달러

우리는 짐이 순서를 정하도록 도와줬다. 그는 적절한 일을 하기는 했지만 다만 엉뚱한 때 한다는 점이 문제였는데, 이것은 부 창출에서 가장 위험한 상황이다. 짐은 사업체를 위해 유한책임회사를 만들었지만, 그 때문에 자영업 세금을 너무나도 많이 내야 했을 것이다. 게다가 비용 예측도 적절히 관리하지 않았다. 짐은 비용 관리와 사업 수입 증가 부분에서 도움을 받아야 했다.

상황 분석 → 재정 상태 요약 → 자유의 날

예측하기 → 현금 창출원 → 부채 관리 →
부 창출 계좌 → 자산 배분 → 법인

사고방식 조정 + 팀워크 + 리더십

짐 킬린의 부 창출 계획

'상황 분석'에 따르면 짐은 과세 대상 소득의 피해자였다. 비록 직원으로서 세금을 지급하지는 않았고 법인으로서 세금을 내고 있었지만, 법인을 제대로 활용하지 않아서 개인 계좌로 돈과 채무가 지나치게 많이 들어가고 있었다.

짐은 더 많이 벌어야 했고, 그중 더 많은 부분이 자신에게 돌아가게 해야 했다. '재정 상태 요약' 목표는 사업 모델과 법인 구조를 조정해서 각각이 적절한 수입이 들어가고 적절한 지출이 나오는 구조로 만드는 것으로 정했다. 수입은 적절한 부대로 들어가지 않았고, 그는 십중팔구 상당한 추가 세금을 지급하고 있었을 것이다.

짐이 사업으로 돈 버는 모습을 보면 그보다 훨씬 더 많이 벌 수 있을 것 같았다. 게다가 짐이 나를 찾아온 것이 스물다섯 살 때였다. 짐은 야망이 있었고, 자신이 원하는 일을 달성하려면 도움이 필요하다는 점도 알았다. 짐은 거기서 '자유의 날'을 향해 나아갈 원동력을 얻은 것이었다.

짐은 건강 트레이닝 사업을 소규모 법인과 분리하고 일반 법인을 더 잘 활용할 필요가 있었다. 일단 '예측하기' 단계를 지나고 나자 또 다른 현금 창출원, 이를테면 건강 보조 식품을 판매하는 네트워크 마케팅 회사를 만들어 건강 트레이닝 사업에 연료를 보태줘야 한다는 점이 분명해졌다. 이 사업은 일반 법인이 되어야 했다. 일반 법인은 이 신규 사업을 관리하고 마케팅하며, 소규모 법인을 위한 서비스, 그러니까 장비와 상품 구입 등을 담당할 터였다. 짐은 또 회계사에게 유한책임회사를 전환해서 계획해둔 부동산 거래에 활용할 수 있는지 물어봐야 했다. 예측하기는 서류 작성 및 단순화와 연관된다. 이를 위해 짐은 각 회사를 위한 회계 장부를 만들어 세무 전략을 극대화하고 비용관리 장부로도 활용해야 했다.

의식적인 소비

예측하기는 매달 해야 자신이 정확히 얼마를 어디에 쓰는지 기록할 수 있다. 예로는 주택, 교육, 의류, 음식, 부채 정리 등이 있다. 이것은 돈이 정확히 어디로 나가는지 아는데 유용하다. 소프트웨어를 쓰면 지출 추적에 가장 좋다. 월 지출을 기록하는 최적의 방법은 '의심스러우면 빼먹지 마라'를 기억하는 것이다. 가장 개선된 부분에서 점수를 따야 하니 되도록 안 좋게 기록하고 잔인할 정도로 솔직하게 빼놓지 말고 적어라.

지출 기록을 통해 당신의 지출 습관이 눈앞에 적나라하게 드러났다면 이를 고쳐서 목표 달성에 다가가게 하면 된다. 지출을 계획적으로 예측하면 동전 하나까지도 최대한 활용하게 될 것이다. 어디에 꼭 써야 하고 얼마나 써야 하는지 상세히 기록하라. 여기에는 생활에 필요한 항목들이 기록될 것이다. 이 '필수 항목' 목록 내에서 어떤 숫자가 지나치게 큰지 살펴보라. 바로 그것이 과다하게 지출하는 항목일지도 모른다. 더는 이치에 맞지 않는 예전의 지출 습관을 찾아내어 얼마나 절약이 가능한지 살펴라.

지출은 더는 무의식적으로나 생각 없이 잠재의식의 조건에 따라가는 행동이 되어서는 안 된다. 이제 돈과 건강한 관계를 맺고 부를 창출하는 법을 알았으니 세심하게 지출해야 한다. 그렇다고 좋아하는 걸 모두 버리라는 말은 아니다. 의식하지 못했지만 지나친, 혹은 부족한 지출을 인식하라는 뜻이다. 그런 뒤에 예측하기 란에 당신이 원하는 만큼의 금액을 다시 배정하라. 이제 부 창출 사이클과 생활소비 사이클의 차이를 이해했으니 엉성한 지출 방식의 늪에서 돈을 구해내 부 창출 계좌와 부채 정리에 활용할 수 있다.

나는 항상 사람들에게 '감정'이 아니라 '의도'에 따라 쓰라고 권한다. "와, 맘에 들어"라는 반응만으로 계획을 변경해서야 안 되기 때문이다. 기분에 따라 쓰기 위한 돈주머니를 만들어도 좋겠지만, 그 양은 제한해야 한다. 예측을 제대로 하면 가진 돈 전부가 지출 항목에 배정되어야 맞다. '차액' 칸에는 0이 기록되어야 한다. 동전 하나까지 의도적으로 쓴다면 감정적 지출을 없애고 마음가짐과 돈과의 관계를 재설정하게 된다.

예측하기는 당신과 당신 경제력이 커지면서 같이 변하는 전략적이고 지속적인 과정이다. 예측하지 않으면 세금을 계속해서 과하게 지급하고 감정적으로 돈을 쓰며 결국 낭비하게 된다. 예측하기는 부 창출에서 사활이 걸린 중대한 단계다. 월 지출금 도표를 보면 부 창출을 진행해 나가면서 이해하게 될 최고의 전략이 무엇인지 어렴풋하게나마 알게 된다.

부 창출 계획의 세부 프로세스

내게는 짐이 '현금 창출원'을 키워서 연간 20만 달러를 올리는 사업으로 만들겠다는 목표를 달성하게 해줄 아이디어가 여러 개 있었다. 짐은 당시 시간당 고객 한 사람에게 60달러를 받고 있었다. 1년에 8만 달러를 번다는 말은 매주 트레이닝 시간이 30시간이 안 된다는 뜻이다.

나는 짐이 토피카에서 일하면서 그 비율을 너무 많이 끌어올릴 수는 없다고 생각했다. 그러나 트레이닝에 영양 상담까지 더하면 시간당 75달러까지는 가능하다고 믿었다. 짐은 또 트레이너를 더 고용해서 주당 60시간으로 트레이닝 시간을 늘릴 수도 있었다. 이렇게 하면 사업은 1년에 21만 6,000달러를 벌어들일 터였다. 건강 상품을 판매하여 수입을 늘리고, 예측하기로 지출 방식을 조정함으로써 번 돈에서 더 많은 금액을 남길 수 있었다. 나는 또 짐에게 트레이닝 비디오 제작에 투자하고 법인 계좌를 더 만들라고 권했다.

'부채 관리' 측면을 보자면 짐에게는 싸워야 할 부채가 두 가지로 구분되었다. 하나는 12% 이자로 빌린 은행 빚이었고, 다른 하나는 이자가 18%인 신용카드 빚이었다. 법인을 적절하게 구성하고 현금 창출원이 상승세를 타고 있었기에, 짐의 회사는 더 많이 벌고 더 많이 보유하게 되었다. 짐은 신용카드 부채를 5단계 부채 정리 계획으로 갚았다. 그런 뒤에 사업 대출금을 갚기 시작했다.

'부 창출 계좌' 단계는 1년에 10만 달러 투자 자산을 만들기 위한 핵심이었다. 예측하기를 보면 짐은 개인 부 창출 계좌에 부 창출 우선 지급금을 포함하고, 회사 세 군데의 보유 계좌에도 부 창출 우선 지급금을 넣어야 했다. 그리고 매달 이 네 계좌에 약 2,100달러를 각각 투자해야 했다. 이렇게 부 창출 계좌를 불리면 1년 이내에 직접 자산에 10만 달러까지 투자할 수 있을 터였다.

짐에게는 '자산'이 5,000달러 있었는데 이것은 모두 SEP 개인연금 계좌에 넣어둔 돈이었다. 짐은 그 돈을 빼내어 자율 개인연금 계좌로 옮기려고 했다. 그러나 부 창출 사이클을 가속할 준비를 마치기 전에는 그 돈을 자산에 투자하지는 않을 생각이었다. 짐은 회사 가운데 적어도 한 곳의 보유 계좌에 6,000달러가 쌓일 때까지 기다린 후에 그 돈으로 부동산에 투자하려고 했다.

짐에게는 개인 사업을 위해 설립한 유한책임회사의 소규모 법인, 그리고 일반 법인이 있었었다. 그리고 이제 짐은 다음과 같이 해야 했다.

1. 개인 사업을 소규모 법인으로 만든다.
2. 일반 법인은 사업 마케팅에 활용한다.

짐은 회계사를 불러 다음과 같이 하라고 지시했다.

1. 트레이닝 회사를 유한책임회사에서 소규모 법인으로 전환하라.
2. 유한책임회사는 부동산 거래를 위해 활용하라.
3. 트러스트를 조직해 회사 전체와 보유 재산을 관리하라.

이렇게 조정하면 짐의 법인 구조는 예측하기 항목을 극적으로 바꾸고 번 돈을 더 많이 보유하는 데 크게 도움이 될 터였다. 그의 '사고방식,' 다시 말해서 예측하기와 법인 구조에 관한 생각을 바꾸자 짐 퀼린은 번 돈을 더 많이 보유하고 돈을 더 많이 버는 데 집중할 수 있게 되었다. 그리고 더 많이 벌기 위해, 다시 말해서 현금 창출원을 활성화하기 위해 짐은 더 열심히 사업에 매진하고 동시에 생활 규모를 늘리지 않고 그대로 유지해야 했다.

짐은 자신의 재무 상태가 그다지 좋지 않다는 사실을 깨달을 정도

1년 후 자유의 날 목표

- 200,000달러 사업 수익
- 100,000달러 투자 자산
- 5,000달러/월 현금 소득
- 부채 정리 계획 시행

수입	자산
현금 유입 • 건강 트레이닝 사업을 통해서 1년에 216,000달러 • 건강식품 사업을 통해서 1년에 75,000달러	• 부 창출 계좌 4개 • 투자 자산 10만 달러를 위해 월 8,400달러 • 시세 상승 없이 부동산 수입 6,000달러 • 월 200달러 발생

재정 상태 요약

세전 소득 : 2,500달러/월

지출 : 3,000달러/월

기술 : 건강, 영양, 인간관계

자산 : 5,000달러

부채 : 33,000달러

의 통찰력이 있었다. 이를 깨닫고 부를 설계하겠다고 책임짐으로써, 짐은 목표에 이르기 위한 '리더십'을 얻게 되었다. 그리고 짐이 밟은 가장 중요한 단계는 부 창출 계좌를 만들고 부채를 없앤 일이었다. 이것은 부 창출 사이클에서 핵심이 되는 기본 요소로 삶을 바꾸게 해준다.

짐은 조직을 정리하고, 세무 전략을 다시 짜고, 현금 창출원을 키움으로써 부 창출 사이클을 만들어 움직이게 했다. 이런 기본 요소를 개발한 짐은 부 창출 계좌를 증폭시킬 수 있었고, 이는 어떤 부 창출 사이클에서도 커다란 힘이 된다.

The Millionaire Maker

WEALTH ACCOUNT

8

부 창출 계좌

소득이 발생하면 자신에게 먼저 투자하라

우리가 대부분 자라면서 "돈을 쓰려고 버는 거야"라는 말에 따라야 한다고 생각하게 된다는 사실을 부정할 방법이 없다. 그렇게 해서는 안 된다. 우리는 생활양식을 사서는 안 된다. 현금을 창출하는 자산을 사서 그로써 생활양식을 얻어야 한다. 그것이 올바른 순서다.

빚에 허덕이는 생활

존과 진 존스는 50대 후반의 오하이오 주 신시내티 출신으로 "돈을 쓰려고 버는 거야"라는 공식을 완벽하게 실천하는 부부였다. 가난해도 멋지게 보이도록 살자는 신조에 매달렸음을 말할 필요도 없다. 우리는 먼저 자신들의 지출을 조절하지 못하는 존과 진 부부의 상태를 파악하고, 지출에 대해 가지고 있는 그들의 잘못된 습관과 생각을 바꾸어야 했다.

질문1 : 월수입은 얼마인가?

상황 분석 | 재정 상태 요약 | 법인

"1년에 각각 10만 달러를 버니까 합해서 월 1만 6,000달러군요."

질문2 : 월 지출은 얼마인가?

상황 분석 | 재정 상태 요약 | 예측하기

"상당히 많아요. 리스한 차가 세 대고, 호숫가 집에 있는 모터보트 비용도 매달 내고 있죠"

존이 답했다.

"보스턴 레드 삭스 시즌 티켓도 있는데 한 번도 안 가요."

진이 말했다.

"휴가도 줄일 수 있어요."

존이 말했다.

"그건 안 돼요. 하지만 샤퍼 이미지 카탈로그에 있는 걸 모두 가질 필요가 없다는 건 분명해요."

진은 내게로 고개를 돌리며 말했다.

"우리 집엔 가제트란 가제트는 모조리 다 있어요."

진이 그 가제트를 들어 존에게 던질지 모른다는 생각에 나는 손을 휘저은 뒤 물었다.

"월 지출이 얼만데요?"

"세금 내고 나서 버는 것 전부랑, 외상으로 사는 것도 많으니까, 1만 달러는 쉽게 넘을 거예요."

마지막으로 진이 말했다.

질문3 : 어떤 자산이 있는가?

상황 분석 | 재정 상태 요약 | 자산 배분

"신시내티에서 부유한 지역에 방 네 개짜리 집이 있는데, 20만 달러는 될 거예요. 호숫가 집은 현재 순가치가 10만 달러 되고요. 보트랑 그걸 끌 자동차를 사는 데 돈을 쓰지 않았다면 훨씬 많았을 텐데."

진이 무척이나 아쉬운 듯 말했다.

"그게 중요한 건 아니라고 봐, 진."

존이 강하게 반박했다.

"아니요. 두 분의 경우는 그게 제일 중요해요."

내가 대답했다.

질문4 : 어떤 부채가 있는가?

상황 분석 | 재정 상태 요약 | 부채 관리

"부채는 끝이 없어요."

존이 웃으며 말했다.

"집에 저당 잡힌 금액이 60만 달러가 있고, 호수 별장에도 20만 달러가 있어요."

진이 대수롭지 않다는 듯 말했다.

질문5 : 그밖에는 무엇이 있는가?

상황 분석　　재정 상태 요약

"개인연금 계좌가 있어요. 20만 달러가 있죠. 그리고 켄터키에 있는 리조트 근처에 개인적으로 사둔 부동산이 여섯 개 있어요. 5년 전에 100만 달러에 샀으니까 하나당 16만 7,000달러였는데, 지금은 약 25만 달러예요. 그러니까 총 150만 달러군요."

존이 답했다.

"거기서 들어오는 월수입도 있어요."

진이 뒤이어 말했다.

"하지만 융자랑 세금으로 나가는 게 더 많으니까, 손실이라고 해야겠지요?"

존이 나에게 물었다.

"그렇겠죠. 하지만 직장에 다니고 있기 때문에 전문 부동산 투자자가 얻을 감가상각 혜택을 제대로 누리지 못하고 있다는 점도 있어요."

존은 기분이 좋지 않아 고개를 갸우뚱했다.

"아, 신용카드 빚도 1만 2,000달러가 있어요. 그것도 감가상각 혜택이 있나요?"

진도 고개를 갸우뚱하며 나에게 물었다.

질문6 : 당신은 무엇을 원하는가?

상황 분석 | 재정 상태 요약

이 질문에 존과 진은 서로 앞다퉈 대답했다.

"이 덫에서 벗어나고 싶어요."

"일을 그만두면 좋겠어요."

두 사람의 균형을 잡는 것부터가 일이겠구나 싶었다. 두 사람은 쇼핑 치료에 엄청나게 중독되어 있었다. 둘의 목표를 두 사람이 행동으로 망쳐놓고 있었다. 우리는 두 사람이 올바른 방향으로 가게 해주기만 하면 되었다.

질문7 : 돈을 벌기 위해 어떤 기술을 사용하는가?

상황분석 | 재정 상태 요약

"저희는 기술이 없는 것 같아요."

진이 웃었다.

"두 사람 다 커다란 운수업체에 다니거든요."

"저는 운영 담당자고, 진은 재무 담당자예요."

질문8 : 부 창출 사이클을 만들어 시행할 뜻이 있는가?

상황 분석 | 재정 상태 요약

"네. 물론이죠."

진과 존이 동시에 합창하듯 대답했다.

"좋아요."

나도 그들을 따라 대답했다.

존스 부부는 이런 상태라면 생활을 결코 유지할 수 없었다. 나는 기본 요소의 순서를 다음과 같이 짜보았다.

상황 분석 → 재정 상태 요약 → 자유의 날

법인 → 예측하기 → 자산 배분 →
부 창출 계좌 → 현금 창출원 → 부채 관리

리더십 + 사고방식 조정 + 팀워크

진과 존 존스의 부 창출 계획

'상황 분석'에 따르면 진과 존은 적절한 일을 여럿 하고 있었지만, 엉뚱한 때에 하고 있음이 분명했다. 조금만 늦게 만족을 추구했다면 훨씬 좋았을 터였다. 분석에서 가장 먼저 불거져 나온 것은 임대 부동산 여섯 곳이 개인 재정의 일부로 잡혀 있었다는 점이다. '재정 상태 요약'을 보니 그들에게 법인이 필요하다는 점이 드러났다. 그런 뒤에 두 사람은 자산을 재분배하고, 투자한 뒤에 쓰는 법을 배워야 했다.

다시 한번 말한다. 돈은 혼돈 속으로 오지 않는다. 임대 부동산 여섯 군데를 개인 계좌에 보유하는 일은 혼돈을 부르고, '자유의 날'을 인식하는 능력에 장애가 된다. 우리는 즉시 법인 항목을 처리했다. 우리는 팀워크로 백만장자가 되기 공동체에 있던 회계사에게 전화해서 존스 부부의 부동산을 위해 유한책임회사 두 곳을 세우고, 자산 전체를 보호하기 위해 트러스트를 만들었다. 그리고 진이 만들려고 하는 현금 창출원을 위해 소규모법인도 하나 세웠다.

지출의 상당부분이 규모가 큰 지출이기는 했지만, '예측하기'를 써 보니 진과 존에게 세금 공제 후 지급해도 되는 사업비용도 어느 정도 있다는 점이 나타났다. 두 사람에게는 현명한 비용 관리와 의식적인 지출이 필요했다. 예를 들어 부동산 세미나에 참가해서 지출을 더 잘 예측하고 관리하는 법을 배워야 했다. 존스 부부의 투자 상황을 고려하면 이런 세미나는 공제 가능한 비용이었는데 공제하지 않았다. 그리고 봉급생활을 하면서 부동산에 투자하기로 했기 때문에 엄청난 세무전략 하나를 써먹지 못하고 있었다. 감가상각은 값어치 있는 회계 도구고 감가상각 공제는 과세 대상 소득을 줄이는 데 사용할 수 있다. 두 사람은 전문 부동산 투자자가 아니면서 부동산을 소유했으므로 켄터키에 있는 집 여섯 채에 대해 2만 5,000달러만 감가상각을 받을 수 있었다. 소득 발생 거주 부동산은 27과 1/2년에 걸쳐 감가상각 되므로, 존스

1년 후 자유의 날 목표

- 공격적인 부채 정리 계획으로 부채 없애기
- 손실을 낳는 자산을 이익을 낳는 자산으로 전환
- 사업체 만들기

수입 | **자산**

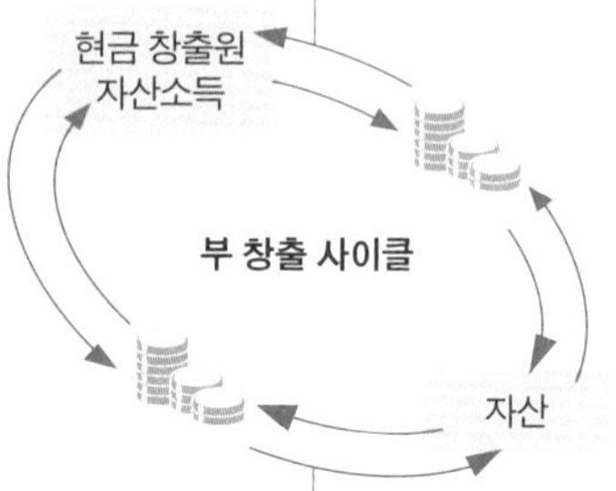

재정 상태 요약

세전 소득 : 16,667달러/월

지출 : 11,200달러/월

기술 : 운영과 재무

자산 : 2,000,000달러

부채 : 1,613,200달러

- 집 순가치 200,000달러
- 호숫가 별장 순가치 100,000달러
- 부동산 여섯 군데 순가치 1,500,000달러(167,000달러에 구입해서 현재 250,000달러)
- 개인연금 계좌 200,000달러
- 주택 융자 600,000달러
- 호숫가 별장 융자 200,000달러
- 부동산 여섯 군데 융자 800,000달러
- 신용카드 빚 12,000달러
- 부동산 유지를 위해 빠져나가는 돈 1,200달러/월(각 200달러)

부부는 집값 100만 달러에 대해 1년에 36,000달러라는 고정금액 감가상각(1,000,000/27.5)을 누릴 수 있었다. 이것은 이들이 1만 1,000달러를 매해 놓친다는 뜻이고, 지금까지 5만 5,000달러를 직장을 유지하기 위해 잃었다는 의미다.

"두 사람 중 누가 직장을 그만둘 거예요?"

내 물음에 두 사람 다 손을 들었다. 진과 존에게는 자산이 많았고, 그에 따라 부채도 많았다. 자산 가운데 200만 달러가 투자 가능했다. 그리고 두 사람은 부동산 여섯 군데를 팔아 자산 70만 달러를 확보하는 데 동의했다.

켄터키에 있는 부동산이 5년간 시세가 오르기는 했지만, 그 때문에 빠져나가는 돈과 비교할 수는 없었다. 두 사람은 1031 유사 자산 교환 프로그램Like Kind Exchange(투자용 부동산을 매매하여 이득이 발생함으로써 세금을 내야 할 때, 유사한 부동산을 180일 이내에 매입하면 세금 지급을 연기하게 해주는 프로그램)이라는 세금 유보 전략을 써서 부동산을 팔고 그 수입으로 유사한 부동산에 재투자하여 자본 이득 세금을 미룰 수 있었다. 나는 현금 흐름을 발생시키는 상업용 부동산 두 곳을 추천했다.

현금 유출 자산을 현금 발생 자산 두 개로 바꾸자 존과 진에게 몇 가지 이점이 생겼다.

1. 1년에 2만 5,000달러가 감가상각이라는 형태로 공제 금액이 된다.
2. 가치가 오를 확률이 높다.
3. 진과 존은 손실을 메우고도 처음 1년 동안 월 7,000달러가 넘는 소득을 올렸다. 이것은 부 창출 계좌와 부채 관리에 유용하게 작용할 것이다.

1년 후 자유의 날 목표

- 공격적인 부채 정리 계획으로 부채 없애기
- 손실을 낳는 자산을 이익을 낳는 자산으로 전환
- 사업체 만들기

수입	자산
현금 유입 3,333달러/월 3,750달러/월	• 400,000달러를 10퍼센트 수익률로 2,000,000달러 상업 임대 부동산으로 전환 • 300,000달러를 15퍼센트 수익률로 1,500,000달러 상업 임대 부동산으로 전환

재정 상태 요약

세전 소득 : 16,667달러/월

지출 : 11,200달러/월

기술 : 운영과 재무

자산 : 2,000,000달러

부채 : 1,613,200달러

우리는 진과 존이 돈을 대하는 태도에 초점을 맞춰 그들이 새로운 습관을 들이게 해줘야 했다. '부 창출 계좌'가 바로 그 습관이다. 돈을 버는 것과 돈을 쓰는 것 사이에는 아주 단순한 관계, 곧 '자신에게 먼저 투자한다'는 단계가 있다. 부 창출 사이클이 돌아가게 하려면, 존스 부부는 이윤이 나는 부 창출 계좌, 이를테면 중개업체 계좌나 상대적으로 이자율이 높은 계좌를 만들어 수익률이 높은 사업에 투자할 수 있어야 했다.

부 창출 계좌 우선 지급금WAPP

자신에게 먼저 쓰라는 말은 부자들의 금언이고, 상황에 무관하게 따라야 하는 말이기도 한다. 이 말은 한마디로 수입의 일정 부분을 떼어서 투자하라는 뜻이다. 일정 금액을 정해서 해가 뜨든 비가 오든 지속해서 나가게 한다. 이것이 진부한 개념인데도 제대로 이해하지 못하는 경우가 너무나 많다. 심지어 재무 상담자가 이것을 저금하라는 개념과 혼동하는 경우도 보았다. 또 사람들에게 빚을 갚기 전에는 한 푼도 투자하지 말라고 말하는 재무 상담자도 보았다. 자신에게 먼저 쓰라는 개념은 부를 창출해 부채를 능가하게 함으로써 부 창출에 가속을 더하고 쉽게 부채를 갚을 수 있게 한다는 의미다. 자동차 경주 용어로는 문자 그대로 부채를 "한 바퀴 이상 앞선다"라고 한다. 이 개념을 이해하지 못하거나 오해하는 사람은 두려움 속에서, 우리를 바로 이 지경에 이르게 한 그 결핍 의식 속에서 살아간다.

부 창출 계좌 우선 지급금은 오로지 투자만을 위해 만든 부 창출 계좌에 집어넣는 돈을 말한다. 이는 부 창출 계좌를 만들어서 매달 부 창출 우선 지급금이 가능하면 자동으로 인출되어 나가도록 해서 현금흐름을 발생시키는 자산에 활용한다는 뜻이다. 이 현금 흐름이 부채를 없애줄 테고, 그리하여 영원히 부채 사이클에서 해방된다.

부 창출 계좌가 작동하는 방식

부 창출 계좌가 어떻게 돌아가는지 보여주겠다. 일단 계좌를 만들었다면 정해진 날에 최소 금액을 지급한다. 지급 금액과 시기는 당신 맘대로다. 투자 금액이 얼마인가보다는 당장 시작하는 것이 핵심이다. 부 창출의 열쇠는 일찍이 시작해서 자주 하는 것이다. 그러니까 당장 하라는 말이다. 사람들이 저지르는 가장 큰 실수는 현금이 많아질 때까지 혹은 특정 투자처를 알아낼 때까지 기다리는 일이다. 이런 사고방식 때문에 자신에게 먼저 쓰고, 계좌를 만들어 투자해야 할 돈을 축적하지 못하게 된다. 이 단계는 필수다. 반드시 해야 하고 당장 해야 한다. 여기에 네온사인을 붙여놓고 싶다. 그렇게 해서라도 당신이 더 잘 알아듣기만 한다면. 자신에게 투자하지 않는 날들이 합해져 부를 창출하지 못하는 날들로 이어진다. 마치 부채가 있는데 거기에 복리 이자가 쌓이는 식이다. 부 창출 계좌가 커지면서 당신은 투자 기회를 더 잘 알아보게 되고, 심지어 실제로 그에 대해 고려할 수도 있게 된다.

직관에는 반하는 듯 느껴질지 모르지만 우선 지급금이란 우선 지급하라는 뜻이고, 다시 말해 정말로 부 창출 계좌에 먼저 돈을 넣은 뒤에 청구서나 채권자나 다른 곳에 돈을 지급해야 한다는 소리다. 우선 지급금을 융자, 아이 양육, 혹은 기타 의무적으로 지급해야 하는 돈과 같다고 여겨라. 한 달에 10달러밖에 내지 못한대도 좋다. 당신은 부가 쌓여 올라가는 속도에 놀랄 것이다.

당신이 이용하는 금융기관에 있는 주요 계좌에서 부 창출 계좌로 자동 이체되도록 지시해두면 이롭다. 자동 이체가 되면 부 창출 계좌에 넣어야 한다는 점을 잊어버릴까 걱정하거나 매달 얼마를 넣어야 할지 결정할 필요도 없다. 모든 계좌를 온라인으로 사용 가능하게 하여 언제라도 편할 때 살펴보고 이체할 수 있게 해둬야 한다. 대다수 금융기관은 추가 비용 없이 온라인 뱅킹을 제공한다.

다시 말하는데 기이하고 불편하게 느껴지더라도, 부 창출 계좌는 매달 우선적으로 지급해야 한다. 아무리 빡빡한 달이라도 먼저 부 창출 계좌에 돈을 넣어라. 숨쉬듯 규칙적이어야 한다. 빚이 있더라도 소득의 일부를 부 창출 계좌에 당장 넣어라. 정한 기간에 얼마를 넣는가는 중요하지 않음을 기억하라. 중요한 것은 규칙적으로 돈을 부 창출 계좌에 집어넣고 장래에 투자하기 위한 기금을 마련하는 습관을 형성하는 일이다.

내 생각에는 소득의 10%를 부 창출 계좌에 넣는 것을 고려해야 한다. 꽤 많다고 생각할지 모르지만, 특정 공동체나 종교나 단체에도 이런 식으로 십일조를 요구하는 곳이 있고 소속된 사람들은 어떻게든 돈을 낸다. 정부가 월급에서 1/3을 떼어내는데도 당신은 그럭저럭 살아간다. 봉급에서 조금 더 떼어내 자산에 십일조를 넣어라. 이것을 하든지 하지 않든지, 결국 똑같은 습관이다.

부 창출 계획의 세부 프로세스

진과 존 존스는 봉급이 꽤 되기는 했지만, 사업체가 없어서 훌륭한 세무 전략을 활용하지 못하고 있었다. '현금 창출원'이 있으면 둘 중 하나가 직장을 그만두고, 의욕에 차서 소득을 더 올리며, 부동산 투자에서 감가상각의 이득을 모두 누릴 수 있을 터였다. 배경지식이 별로 없는데도 두 사람은 부동산에 투자하여 돈을 배로 불렸다. 두 사람이 배우는 데 시간을 좀 투자했다면 얼마나 큰일을 해냈을까. 아무것도 하지 않는 자산을 돌보는 대신 실제로 진정한 성장과 소득을 가꿀 수 있었을 텐데. 다행히 진은 재무 기술도 뛰어났고, 부동산 매입을 좋아했다. 나는 진에게 토지와 부동산 매입과 관련한 강좌를 들어서 더 배우라고 권했다. 진이 자격증을 따야 한다고는 생각하지 않았고, 그저 기술만 닦으면 되리라 여겼다. 두 사람은 이제 자산소득으로 막 7,000달러가 넘는 돈을 벌어들이게 되었고, 존은 월수입이 8,333달러가 되었다. 진의 봉급이 없이도 쓸 수 있는 돈이 1만5,000달러가 되었고 이것은 자산 전환과 법인 설립으로 생긴 변화였다. 존이 운영에 대해 알고 진이 재무에 대해 안다는 점을 고려하여, 두 사람은 기업들에 운영 효율에 대해 조언해주는 사업체를 만들기로 하고는, 시작 첫 주에 고객 하나를 찾아냈다. 진은 직장을 그만두고 전문 부동산 투자자가 되었고, 존은 직장에 머물다가 현금 창출원이 급성장해 부 창출 사이클에 가속이 올라가게 되자 회사를 그만두고 나왔다.

진과 존은 생활양식을 바꿔야 했다. 두 사람은 지출 습관이 끔찍스러웠다. 이제 부 창출 계좌 두 개를 개설하여 하나는 개인 계좌로 만들고 하나는 각각의 사업 계좌로 정했으니 매달 부 창출 계좌 우선 지급금을 낼 것이었다. 그러나 둘은 부채 정리 계획에 따라 같은 금액을 '부채 관리' 계좌에도 넣어야 했다. 당시에도 수입이 여전히 전과 같은 수준이었기에 둘은 생활양식을 더 잘 관리해야 했다. 두 사람은 이미 켄터키에 있는 부동산 여섯 군데를 팔아 월 지출 1,200달러를 줄였고, 더 줄일 터였다. 나는 두 사람에게 '예측하기'에 힘을 쏟아 의식적으로 지출하는 습관을 들이라고 강력하게 요구했다. 진과 존은 부를 쌓아 가면서 동시에 5단계 부채 정리 계획을 짰다. 진이 부동산 사업을 시작하고 두 사람 모두 좀 더 생활규모에 주의를 기울이게 되면서, 자산 소득 중에서 더 많은 부분을 신용카드 빚 1만 2,000달러를 갚는 데 쓸 수 있었다. 부채가 없는 상태를 유지하려면 '사고방식 조정'과 관련해서 코치를 꽤 받아야 할 터였다. 둘은 돈을 전혀 존중하지 않는 듯 보였고, 즉각적인 만족을 특히 좋아했다.

설명으로는 해결되지 않을 일이었다. 나는 일단 두 사람이 자산을 전환하고, 법인을 세우고, 지출을 예측하고, 현금 창출원을 만들며, 부채를 관리하기 시작하면 돈의 가치를 좀 더 많이 깨닫게 되리라는 점을 알았다. 훌륭하고 꾸준한 투자 수익률보다 투자하라는 의식을 강하게 심어주는 것은 없다. 두 사람은 부 창출 사이클 프로세스에 대해 더 많이 배우게 되면서 쇼핑 치료 중독자에서 자산 중독자로 바뀌었고, 부 창출 사이클을 움직이게 해줄 '팀워크'에 집중했다. 한 푼을 지출할 때와 투자할 때의 기회비용이 어떻게 다른지 이해하기 시작했고, 공동의 목표가 있었기에 서로가 부 창출 팀에 책임을 느끼는 데 도움이 되었다.

곧 우리는 존스 부부가 적절한 법인을 세우도록 해주었다. 두 사람은 지출을 예측하여 좀 더 의식적으로 소비하고 수입을 더 많이 보유하려고 했고, 여러 자산을 재분배하여 자산소득을 더 많이 올렸다. 또한 나쁜 부채도 없애버렸다. 이러한 성공은 존스 부부가 '리더십'도 이해했음을 보여주었다.

자산을 사고 그로써 생활양식을 얻어라

태도를 바꾸고 자산을 전환했으며 부 창출 계좌에 우선지급금이라는 중요한 개념을 이해한 두 사람은 부 창출 사이클에 강력하게 매진했다. 생활양식이 아니라 자산 구매에 집중한 진과 존은 상상도 못 할 정도로 규모도 커지고 스트레스도 훨씬 줄어든 생활을 누릴 터였다. 생활소비 사이클은 장기적 근심을 단기 쇼핑 치료로 해소하는 방식이어서 결국 대가를 치르게 되어 있다. 두 사람은 새로운 마음가짐으로 부를 유지하면서 그에 따라 생활양식이 정해지도록 해야 했다. 물론 계획이 성공하는가 여부는 부채 관리 능력에 따라갈 터였다.

DEBT MANAGEMENT

9

부채 관리

나쁜 부채는 정리하고 좋은 부채는 유지하자

다지선다형 질문을 하나 하겠다.

다음 중 8,700달러는 무엇인가?

1. 1963년 미국 1가구 소득 평균치를 조금 웃돈다.
2. 2004년 세계은행에서 순위를 매긴 오만, 칠레, 아르헨티나, 모로코와 기타 100여 개 국가의 국민 1인당 수입보다 조금 많다.
3. 캘리포니아 섀스타 카운티의 공립 고교에서 2003년 학생 1인당 지출한 평균액이다.
4. 미국 시민 평균 신용카드 빚이다.
5. 위의 네 가지 모두다.

답은 당연히 '5'다. 신용카드 빚이 그 정도가 되려면 벌기도 전에 엄청난 돈을 쓰고 그걸 메우기 위해 훨씬 더 많이 써야 한다. 문화는 이러한 성급한 소비를 부추겼고, 즉각적 만족이라는 개념에 맞서기란 어려운 일이다. 그러나 이는 우리가 부를 창출하는 능력을 갉아먹는다.

부 창출 사이클을 위한 토대로 다지려면 부채를 없애야 한다.

여기서 말하는 부채란 '나쁜 부채'뿐이다. 그러니까 소비자 부채, 이를테면 높은 이자로 신용카드 빚을 내서 소모용 상품을 사는 경우를 말한다. 좋은 부채, 예를 들어 낮은 이자로 융자를 내거나 학생 대출을 받아서 사업 공제가 가능한 부채는 예외다. 집이나 사업과 같은 자산으로 레버리지를 얻어 부채를 낸 경우라면 그 빚은 내버려 둔다. 그러나 나쁜 빚은 없애야 한다. 일단 현금흐름이 왕이라는 사실을 깨닫고 나면, 현금흐름 발생에 집중하면 다시는 지출이 소득을 압도할까 걱정할 필요가 없다는 점을 이해할 것이다. 아쉽게도 척 월러스는 아직 그 상태에 도달하지 못했다.

부채를 넘어서라

텍사스 휴스턴 바로 외곽에 있는 우드랜즈에서 수학교사를 하던 30세의 척은 아내와 아기 하나를 두고 살던 몇 년 전, 팀워크로 백만장자되기 모임으로 나를 찾아왔다.

질문1 : 월수입은 얼마인가?

상황 분석	재정 상태 요약	법인

"3,333달러예요."

질문2 : 월 지출은 얼마인가?

상황 분석 | 재정 상태 요약 | 예측하기

"아기를 낳았으니 4,000달러는 쉽게 넘는다고 봐야겠죠."

질문3 : 어떤 자산이 있는가?

상황 분석 | 재정 상태 요약 | 자산 배분

"교사연금 5,000달러, 은행에 2,000달러 있어요. 집은 임대고요."

질문4 : 어떤 부채가 있는가?

상황 분석 | 재정 상태 요약 | 부채 관리

"신용카드 빚이 3만 달러 있고 이자에 시달리고 있어요."

질문5 : 그밖에는 무엇이 있는가?

상황 분석 | 재정 상태 요약

"집사람과 제가 합해서 2만 달러 학생 대출을 받았어요."

질문6 : 당신은 무엇을 원하는가?

상황 분석 | 재정 상태 요약

"저도 이젠 모르겠어요. 저는 가르치는 게 좋기는 한데, 그냥 조금 식어버렸어요. 게다가 나이도 서른밖에 안 됐고요. 바를 차려서 운영하고 싶은 것 같아요. 아주 잘할 것 같은 느낌이 들어요."

"원하는 숫자는요?"

"매달 1,000달러가 저당 잡힌 거 없이 들어오면 아주 좋겠어요. 부채도 줄면 좋겠고요, 아예 없으면 좋겠죠."

질문7 : 돈을 벌기 위해 어떤 기술을 사용하는가?

상황 분석 | 현금 창출원

"수학인 것 같아요. 하지만 사실은 아이들에게 의욕을 주는 거죠"

질문8 : 부 창출 사이클을 만들어 시행할 뜻이 있는가?

상황 분석 | 재정 상태 요약

"당연하죠."

척은 빚에서 벗어나야 했다. 부채 정리를 척의 '할 일' 목록에서 가

1년 후 자유의 날 목표

- 투자 자산 50,000달러
- 현금흐름 1,000달러/월
- 부채 정리 계획 가동하여 적극적으로 관리
- 현금 창출원 설립 위한 사업 계획안

수입

자산

재정 상태 요약

세전 소득 : 3,333달러/월

지출 : 4,000달러/월

기술 : 가르치기, 조직화, 열정, 리더십, 의사소통

자산 : 7,000달러

부채 : 50,000달러

- 교사연금 5,000달러
- 은행 2,000달러
- 신용카드 빚, 소비자 부채 30,000달러
- 학생 대출 20,000달러

장 위에 기입할 재무 전문가가 많겠지만, 아닌 건 아닌 거다.

상황 분석 → 재정 상태 요약 → 자유의 날

현금 창출원 → 법인 → 예측하기 →

부채관리 → 부 창출 계좌 → 자산 배분

사고방식 조정 + 팀워크 + 리더십

척 월러스의 부 창출 계획

'상황 분석'에 나타난 간격을 메우려면, 다시 말해서 현 위치에서 목표지점으로 이동하려면 척 월러스는 돈을 더 많이 벌어서 더 많이 유지하는 법을 배워야 했다. '재정 상태 요약'에 보면 6%라는 낮은 이자로 학생 대출을 받았음이 나타나지만, 부채 3만 달러는 고리의 신용카드와 부채 정리 프로그램에 들어가 있다. 먼저 그 3만 달러를 없애야 했다. 하지만 먼저 돈을 버는 데 힘쓰지 않고 그저 소비자 부채만 줄이려고 한다면 좌절만 느낄 것이다. 세금 떼고 나면 남는 돈이 3만 달러 정도인데, 이자가 붙은 3만 달러를 갚기란 다른 지출을 고려하지 않더라도 쉬운 일이 아니다.

나는 척이 상황을 뒤집을 수 있다는 점을 알았다. 투자 자산 5만 달러와 현금흐름 1,000달러, 부채 관리, 현금 창출원 설립이라는 그의 목표는 달성 가능한 것이었다. 그 정도면 의욕을 느낄 만큼 흥미진진하지만 좌절감을 느낄 정도로 어렵지는 않았다.

나는 척에게 현금 창출원으로 일인교습 사업이 어떻겠는지 물었다.

"제가 식어버렸다고 말하지 않았던가요?"

"무슨 말인지 알아요, 척. 하지만 이건 돈 버는 법을 배우기 위한 것일 뿐이에요. 게다가 직접 개인교습을 할 필요도 없어요. 동료들을 고용하면 돼요. 척은 마케팅과 관리를 맡아요."

척은 대단했다. 동료들을 위해 파티를 열어 자신의 서비스에 대해 학생들에게 알리려는 개인교습 강사와 현장 파트너들을 설득했다. 전단지를 뿌려 일대를 뒤덮어버렸다. 이동전화를 구매하여 언제라도 잠재 고객과 통화할 수 있게 했다. 심지어 트럭 양옆과 뒤에 커다란 포스터를 붙여 사업을 선전했다. 부 창출 계획 발동 120일 만에 척은 매주 자기 동료 두 명에게 찾아가는 학생 스무 명을 모았다. 학생은 시간당 40달러를 지급했고 척은 거기서 절반을 챙겼다.

먼저 신용카드 빚 3만 달러를 갚아야 한다는 점과 부 창출 계좌 5만 달러를 만들어야 함을 염두에 둔 나는 척이 부채 정리 계획에 매달 3,000달러를, 부 창출 계좌에 4,000달러를 투자해야 한다고 생각했다.

그러려면 1년에 8만 6,000달러가 필요하다. 게다가 척은 현금흐름 1,000달러를 원했으니 총 9만8,000달러가 되었다. 척이 받는 교사 연봉은 지출에 사용하되, 법인 설립 덕분에 지출을 더 잘 관리해 소득을 더 많이 보유할 수 있게 되었다. 척에게는 매달 8,333달러가 필요했다. 척은 사업을 키워나가면서 여러 분야에서 일감을 찾는 동료 몇 명과 개인교습을 받고 싶어 하는 학생 100명을 찾아냈다. 시간당 수업료도 50달러로 높여서 주간 총소득이 5,000달러가 되었다. 척은 여기서 절반을 받아서 월 총수입이 1만 달러가 되었다.

'법인' 항목으로 가서, 척은 사업을 위해 소규모 법인을 세웠다. 나중에는 투자를 위해 유한책임회사를 세울 생각이었다. 척이 개인교습 자료를 만들어 이것을 일반 법인에서 판매하자는 아이디어를 내서 일반 법인도 하나 세울 계획이었다.

"열정이 식은 사람치고는 에너지가 대단한데요."

"재미있어요. 이제는 바를 차리고 싶은 마음이 있는지조차 모르겠는걸요."

숫자 계산은 그에게 누워서 떡 먹기라 '예측하기'에는 어려움이 없었다. 척은 아주 잘 정돈된 도표를 만들었고, 새로운 사업 덕택에 몇몇 개인 지출을 유한책임회사로 전환할 수 있게 되었다. 임대료 일부와 사무실에서 쓰는 공익 설비 이용료, 그리고 회사 자동차 대금이 여기에 해당했다.

'부채 관리' 계획이 작동하기 시작하자 기분 나쁜 부채도 얼마 가지 않게 되었다. 자본주의 세계는 두 패로 갈린다. 이자를 내는 패와 받는 패. 소비자가 부채가 있다면 엉뚱한 패에 낀 것이다. 복리이자는 멋진 제도지만 거기서 이익을 볼 때나 그렇다.

부채 정리 5단계 전략

부채 문제가 있는 사람은 대부분 생활소비 사이클이나 부채 저글링에 너무 깊이 빠져서 긍정적인 해결책으로 부를 창출하겠다고는 상상도 하지 못한다. 다수는 부채의 고통과 당혹감을 끝낸다는 사실이 너무나 기뻐서 그 이상은 별로 생각하지 않는다. 척 월러스는 부채와 부채에 빠져버린 이유에 대해 감정적으로 초연해지겠다고 결심했다.

그에게 부채 정리는 순수한 사업이 되었고 단지 돈을 집어넣어 부채를 없애는 '일'로 바뀌었다. 부채 정리 계획을 가동하는 데 전념하기로 한 척은 너무 멀리 왔으니 뜻밖의 횡재가 아니고서는 벗어날 수 없다는 생각을 버렸다. 그리고 빚을 지는 데 걸리는 시간보다 벗어나는 데 걸리는 시간이 길다는 점을 이해했다. 하지만 빚에서 벗어나기 시작하면서 동시에 부를 창출하고 있었기에 척은 시간을 낭비하고 있다고 느끼지 않았다.

당신이 그렇게 되기를 원한다는 점이 곧 채무자로서의 역할을 끝내고 채권자가 될 수 있음을 보여주는 사실임을 나는 안다. 기본 부채 정리 방법을 부지런히 적용하면 3년에서 7년 사이에 부채 사이클에서 벗어남과 동시에 부 창출 사이클을 만들 수 있다. 다음에 나오는 5단계 부채 정리 계획은 우리가 의뢰인에게 적용하는 것이다. 당신에게 부채가 있다면 이 방법으로 벗어나는 데 도움을 받을 뿐 아니라 부 창출 계좌 우선 지급금을 마련하는 습관도 갖게 될 것이다. 이 프로세스를 시행해 나가면서, 당신은 이것이 다른 부채 정리 프로그램과 다른 점은 정상적으로 생활하면서 빚을 없애도록 해준다는 것임을 이해하게 될 것이다.

1단계 : 부채 정리 상자 만들기

소비자 부채를 모두 나열하라. 재정 상태 요약 목록에서처럼 컴퓨터로 작성해서 쉽게 점검할 수 있게 하라. 이 목록에는 신용카드 전부, 외상거래, 자산 담보가 아닌 이자율 높은 대출, 기타 눈에 띄는 부채가 모두 들어가야 한다. 채권자 이름, 빌린 돈 액수, 최소 월 지급액, 이자율을 기록해야 한다.

2단계 : 참조 숫자

마지막 줄 참조 숫자를 적으려면 다음과 같은 간단한 계산이 필요하다. 부채 금액을 표시한 2번째 세로줄 숫자를 월 최소 지급액인 3번째 세로줄 숫자로 나눈다. 예를 들어 신용카드 빚이 7,000달러고 최소 월지급액이 200달러라면 참조 숫자는 35가 된다. 소비자 부채 목록마다 이것을 계산하여 기록하라.

3단계 : 우선 지급 상자

새로운 목록을 만들어 참조 숫자가 가장 낮은 부채를 골라서 가장 윗줄에 기입하라. 이 빚이 가장 먼저 갚아야 할 빚이다. 계속해서 차례로 참조 숫자가 낮은 순으로 먼저 기록하여 숫자가 가장 높은 부채가 제일 아래에 오도록 하라.

4단계 : 가속도 할당금

최소 지급액 외에도 현재 지출하는 돈에서 200달러를 떼어서 부채 정리 계획에 할당하라. 200달러면 하루에 7달러고 이 돈이면 부채 정리 계획에 가속이 붙을 것이다. 비명 지를 것 없다. 생각보다 쉬울 테니까. 일단 세부적인 재정 상태 요약을 정리하고 나면 돈이 어디서 와서 어디로 가는지 명확히 이해하게 된다. 거기서 200달러를 찾아내기란 어렵지 않고, 새로운 자산에서 들어오는 현금흐름 덕에 돈이 생겨날 수도 있다. 내 경험에 따르면, 재정 상태 요약에 지출 항목을 하나도 빠뜨리지 않고 기입하면, 아끼거나 희생하는 것과는 거리가 먼 부분에서 지출을 줄일 수 있다.

5단계 : 부채 갚기

우선 지급 상자에서 첫째 줄에 있는 부채를 골라서 4단계에서 떼어낸 200달러를 최소 지급액에 더하라. 예를 들어 최소 지급액이 350달러라면 200달러를 더해 새로운 월 지급액을 550달러로 하라는 뜻이다. 다른 부채는 보통 때처럼 최소 지급액을 지급하면서 이 부채만 550달러를 지급한다. 첫째 항목에 있는 부채를 다 갚고 나면 여기에 넣던 금액을 모두 빼서, 그러니까 이 예에서는 550달러를 두 번째 부채 항목의 최소 지급금에 더한다. 아래 목록으로 내려갈 때마다 지급금액이 늘어나서 부채를 갚는 속도가 점차 증가하게 된다. 처음에는 이 과정이 불편하게 느껴질지 모르겠지만 발전 속도를 목격하고 나면 부채를 쌓았던 때처럼 갚는 데 중독되어 버릴 것이다.

다른 요소들

부채 정리 프로세스를 거치면서 당신은 부채 일부를 줄이는 방법을 찾아낼지도 모른다. 그 한 가지 방법은 개인 및 사업 재정 상태 요약을 연구하는 것이다. 부채는 사업 설립에 필요한 과정이고 십중팔구 이자는 수입에 대한 비용으로 세금이 면제된다. 개인 부채 일부를 사업 재정으로 전환하면 그 부채가 사실상 수입에 대한 비용으로 잡히는 경우도 있다. 그런 경우라면 현금흐름이 증가하게 된다. 자신의 세무 구조를 다시 알아보면 부채를 갚는 데 쓰는 현금을 늘림으로써 부채를 줄이는 첫걸음을 내디딜 수도 있다. 또는 채권자와 대화하여 더 낮은 이율로 지급하게 해달라고 협상하는 방법도 고려할 수 있다. 채권자는 대개 대화를 피하지 않고, 긍정적이고 진보적인 방식으로 부채를 재편성하도록 협력할 것이다.

부 창출 계획의 세부 프로세스

"빚을 무시하면서, 사실상 빚을 더 크게 불리고 있었던 셈이죠. 이제 부는 쌓이고 빚은 줄어들고 있으니, 제가 상황을 제어하고 있다는 느낌이 들어요. 또 빚을 무시함으로써 걱정이 얼마나 많아지게 됐는지 알겠어요."

일단 부채를 관리하고 공격적으로 줄여나가기 시작하면 삶에서 스트레스가 상당히 줄어든다는 점을 느낄 것이다. 끊임없이 돈, 부채, 신용카드에 대해 걱정하지 않고, 다른 중요한 일, 이를테면 부 창출 사이클을 성공적으로 가동하는 일 따위에 대해 생각할 여유가 생긴다.

"이제 빚이 저를 통제하는 게 아니라 제가 빚을 통제하게 되었어요. 드디어 운전석에 앉은 거예요, 로럴. 다시는 그 자리를 내주지 않을 생

1년 후 자유의 날 목표

- 투자 자산 50,000달러
- 현금흐름 1,000달러/월
- 부채 정리 계획 가동하여 적극적으로 관리
- 현금 창출원 설립 위한 사업 계획안

수입	자산
현금 유입 개인교습 사업 월 10,000달러 자산소득 월 200달러	• 현금 발생 주택 1채에 6,000달러 • 월 200달러 이월

재정 상태 요약

세전 소득 : 3,333달러/월

지출 : 4,000달러/월

기술 : 가르치기, 조직화, 열정, 리더십, 의사소통

자산 : 7,000달러

부채 : 50,000달러

- 교사연금 5,000달러
- 은행 2,000달러
- 신용카드 빚, 소비자 부채 30,000달러
- 학생 대출 20,000달러

각입니다."

척은 부채를 갚는 데 매달 쓰려고 떼어둔 3,000달러로 부 창출 계좌를 키웠다. 그리고 보유 계좌, 즉 기업 부 창출 계좌를 소규모법인과 유한책임회사에 만들었다. 각 계좌에 1,500달러를 넣고 개인 부 창출 계좌에 1,000달러를 넣어 총 4,000달러를 매달 입금했다.

현금 창출원에서 나오는 소득이 늘어남에 따라 부 창출 계좌도 자라기 시작했고, 척은 법인과 예측하기 덕분에 수입이 더 많은 부분을 차지할 수 있게 되자 '자산'에 대해서도 고려할 상황에 이르렀다. 척에게 재분배할 실제 자산이 없음을 고려하여, 우리는 현금 창출원에서 들어오는 돈을 이용해 자산을 만들기로 했다. 개인교습 회사를 설립하여 운영한 지 몇 달이 지난 후, 척은 부 창출 계좌에 쌓인 돈으로 중서부지방에 조그마한 현금 발생 부동산을 사들일 수 있게 되었다. 당시 그는 두 달마다 집을 한 채씩 사들여 1년 동안 총 6채를 사들이겠다는 목표를 세웠다.

척은 행동으로 사고방식을 바꿨고, 돈을 얼마나 많이 벌든 또 빚이 얼마나 되든 여전히 투자하여 부를 일굴 수 있음을 깨닫게 되었다. 또 자신에게 생각보다 훨씬 돈을 많이 벌 능력이 있음을 깨닫게 되었다.

그가 현금 창출원을 운영한 방식은 스스로 생각해도 대견스러웠고, 성공에서 자신감을 얻은 척은 사업을 더 크게 키우고 부 창출 사이클을 진정으로 가속할 수 있다고 생각하게 되었다.

척은 빚진 사람들과 돈을 별로 못 버는 사람들에게 둘러싸여 있었다. 그는 그 무리에서 벗어나 백만장자 멘토를 찾아내 그에게 도움을 받아서 부 창출 과정을 지원해줄 적절한 전문가를 모았고, 성공에 필요한 팀워크와 리더십에 온전히 전념했다. 고작 서른에 자기가 선택한 직업에서 결국 만족하지 못할 거라고 불안해하던 척은 더 만족스러운 삶을 향해 나가기에 좋은 위치에 올라서게 되었다.

부를 가로막는 최대의 장애물 제거하기

부채가 많은 상태에서 부를 쌓으려면 용기와 자제력, 긍정적 에너지가 필요하다. 나는 이것이 까다로운 시나리오라는 점을 인정하지만, 부채에서 벗어나 부를 축적하는 일은 상당히 실행 가능한 일이라는 점도 알고 있다. 척 월러스는 부채는 많고 자산은 없고 수입도 제한적인 수많은 의뢰인 가운데 하나였다. 하지만 현금 창출원에 집중하고 거기서 얻은 수입을 법인을 활용해 더 많이 보유하게 되면서 척뿐 아니라 여러 의뢰인이 지출을 더 의식하게 되었고, 돈을 부 창출 계좌에 투자하며 삶을 운영하겠다는 결의에 더 집중하게 되었다. 시간이 흐르면 이것은 부채를 없애고 부를 쌓고, 돈이 돈을 벌어주는 상황을 즐기는 능력으로 이어진다.

부 창출 사이클 일곱 가지

"부 창출 사이클의 기본 요소를 조립하는 방법이 마치 게임 같아요."

레너드 가족 사례 연구 후 나는 지금까지 나온 여섯 개 사례 연구를 프로듀서와 함께했다.

"전략 게임 같죠. 누구라도 12개 블록을 활용해 부로 가는 길을 만들어낼 수 있어요. 그렇게 어렵지 않아요. 그냥 적절한 때 적절한 일을 하는 법만 알아내면 되죠."

내 말에 프로듀서가 다시 말했다.

"저는 릭 누넌인 거 같아요. 일리노이 위넷카에 있는 커다란 집에 그냥 눌러앉아 있고, 방송국에 스톡옵션도 많아요."

"그럴 수도 있죠."

"내 여동생은 분명 케리 킹슬리예요. 걔 회사에 대해서 동생이랑 얘기를 좀 해야겠어요. 그 애처럼 사업만 잔뜩 벌여놓고 돈은 못 버는 사람도 없다니까요. 존스 부부 같은 사람도 저도 많이 알아요. 동네 이곳저곳에 있거든요. 그리고 저랑 가장 절친한 친구는 분명 척 월러스일 거예요."

지금까지 이야기한 사례 연구로 당신은 기본 요소들 가운데 중간 단계 여섯 개가 각자의 필요와 목적에 따라 어떻게 다양한 순서로 배열되는지 살펴보았다. 이 시점에서 당신은 내가 제시했던 시나리오 가운데 하나가 자신의 상황에 일치함을 알아냈을지도 모른다.

앞서 언급했듯 중간에 있는 기본 요소들 각각에는 의도와 목적이 있지만, 각각의 시나리오에 따라 다양한 방식으로 활용하고 강조해도 좋다. 그러나 부 창출 사이클 프로세스의 모든 부 설계 계획은 설계자가 누군가와 무관하게 먼저 세 가지 기본 요소로 시작하고 마지막 세 요소인 리더십, 팀워크, 사고방식 조정에 의존한다.

이제 상황 분석이 정확히 어떻게 구성되는지 논의하여 사업을 시작하고 부 창출 계획을 수행할 때다.

FINANCIAL BASELINE

10

재정 상태 요약

수입과 지출을 추적하고 자금 상황 파악하기

"콩밭에서 걷다"라는 말이 무엇을 뜻하는지 모른다면 당신은 행운아다. 나와 형제 넷은 부모님의 네브래스카 농장에서 길고 긴 여름 동안 콩밭에서 걸어야 했다. 그것은 콩 사이로 걸어가면서 줄기 사이사이의 잡초를 뽑아낸다는 뜻이다. 정말이지 진저리나는 일이었다.

하지만 그 덕에 콩이 계속 자라 몸을 따뜻하게 해줄 옷과 배를 채울 음식을 마련할 수 있었다. 그러니까 어쩌면 콩밭에서 걸으면서 나는 때때로 뿌리, 곧 근본으로 돌아가는 것이 만족스러운 일이라는 점을 알게 되었는지 모른다. 콩밭에서 걷는 일처럼 진저리나게 느껴지더라도 그것이 성장으로 이어지는 한은 괜찮다.

혹시 운이 좋으면 위의 비유를 보고 자신의 자료를 뒤져서 재정 상태 요약을 작성하겠다는 의욕이 생길지도 모른다. 앞서 보여준 각각의 사례 연구에서 보았듯이, 재정 상태 요약은 현 재정 상태를 요약해 보여주는 도표다. 레너드 부부, 릭 누넌, 패트리샤 비슬리, 그 외 사람들과 마찬가지로 당신은 표에 기록된 내용이 마음에 들지 않을지도 모른다. 그래도 상관없다. 이제 앞으로 나가야 한다. 재정 상태 요약은 현재 어디에 있는지 알아서 가고자 하는 곳으로 가기 위한 것이다.

이 독자적인 과정을 밟아본 사람은 이 단계가 부 창출 계획에서 가장 어렵다고들 말한다. 그렇게 어려운 일은 아니지만 다소 따분할지 모르겠다. 단언하건대 할 만한 가치는 충분하다. 한 번으로 끝나는 일이고 일단 시스템이 유지되기 시작하면 어려운 과정은 반복할 필요가 없고, 일단 하고 나면 사막에서 벗어나 물가로 가기가 훨씬 쉬워지기 때문이다.

마음 맞는 친구들을 찾아서 같이 연습할 날을 정하여 단체 활동으로 해보는 것도 고려할 만하다. 이것은 팀워크로 백만장자 되기 공동체를 만드는 좋은 방법이기도 하다. 하지만 혼자서 하든지 단체로 하든지 미루지 마라. 즉시 시행하라. 빠르게 할수록 완전히 새로운 차원으로 이동하게 될 것이다.

재정 상태 요약을 명확히 하는 일은 우리가 제시하는 독특한 기법이다. 이렇게 하라고 요구하는 프로그램은 매우 드물다. 당신이 관심을 잃어버리고 아예 그만둬버릴까 겁내기 때문이다. 하지만 그 두려움은 터무니가 없다. 우리 팀워크로 백만장자 되기 공동체에서는 한 사람도 빠짐없이 이것을 해냈고, 실제로 해보면 당신도 의욕이 끓어오르면서 현재 상태를 바꾸어 부를 향해 나아갈 것이기 때문이다.

재정 상태 요약을 정하는 데는 두 가지가 필요하다. 첫째는 재정 서류함Financial Filing Cabinet이고, 둘째는 실제 재무제표Real Financial Statements다.

재정 서류함

누구에게나 재정 서류, 이를테면 은행 거래 통지서와 개인 영수증 등이 있다. 하지만 다수는 이를 상자에 쟁여두거나 봉투에 쌓아두거나 서랍에 쑤셔둔다. 그것도 운 좋을 때 이야기다.

믿거나 말거나지만 이 어수선한 상태를 정돈하면 삶이 바뀌기 시작한다. 이것은 꼭 필요하고 대강 얼버무려 칠한 뒤에 재미있는 단계로 넘어가려고 하면 페인트는 금세 벗겨지고 말 것이다. 소매를 걷어붙여라. 깨끗이 청소할 때다.

개인 재정과 사업 재정을 뒤섞는 것에 대해 한마디 하자면 더는 그러지 마라. 이제는 큰 무대로 움직일 때다. 어른이 되어 사업은 사업으로, 사생활은 사생활로 구분할 때다. 각 사업을 위해 법인을 세우면서 사생활과 사업 사이의 선이 더 분명하게 그려질 것이다. 당신에게 사업체가 있거나 가정이 있어서 맞벌이를 한다면 각각의 경우를 분리하여 이 단계를 밟아라. 이제 뒤섞인 것을 분리할 때다.

1. **1단계** : 서류들을 꺼낸 뒤에 감정적으로 한 걸음 물러서라. 이때 이 종이들이 자신의 과거를 상징한다고 되새기는 것이 중요하다. 그것을 정리하는 일은 미래를 향해 나아가는 것이다.
2. **2단계** : 서류들을 펼쳐서 다음과 같은 범주로 정리하여 재정 서류함을 정돈하라. 은행 거래 서류, 신용카드 거래 서류, 영수증과 현금 경비, 간접비, 집·자동차·생명 보험 증권, 유서, 은퇴 계획서류
3. **3단계** : 소득과 지출을 포함하여 월수입을 추적하기 위한 정리 시스템을

만들라. 각 항목에 대해 파일을 만들고 개인 소득·지출과 사업 수입·비용을 따로 분리하여 보관해야 함을 잊지 마라. 지금 법인이 없다고 하더라도 앞으로 생길 것이다. 유서, 신탁, 증권 등과 중요한 서류는 복사하여 원본은 안전한 보관함에 넣어두라.

4. **4단계** : 건전한 재정 관리에서 기록은 필수 요소다. 중요 문서와 계좌 번호, 그리고 보관 장수에 대해 목록을 만들라. 사람과 사업체 하나당 하나씩 이 목록을 작성해 복사한 뒤에 배우자, 믿을 만한 친구, 가족, 변호사나 회계사에게 나누어줘야 한다. 또한 컴퓨터에도 꼭 저장해둬야 한다. 수입과 비용을 추적하는 좋은 프로그램은 여럿 있다.

당신의 실제 재무제표

누구든 부자가 되려는 사람이라면 사업체가 조직을 구성하듯이 재정관련 사항들을 설계해야 한다고 믿는 나이기에, 개개인이 재무제표를 작성해야 한다고 생각한대도 놀랄 일은 아닐 것이다.

손익계산서는 소득과 지출, 그리고 수익을 간략히 보여준다. 대차대조표는 가운데가 분리된 문서로, 자산(무엇을 소유했는지 기재)이 왼쪽에, 부채와 순자산(누가 소유했는지 기재)이 오른쪽에 기록된다. 총자산과 부채에 순자산을 더한 것은 늘 같은 숫자여야 한다. 다시 말해서 동일해야 한다.

보다시피 이 네 가지 독립 요소들이 상황 분석에서 재정 상태 요약을 작성할 때 쓰는 정보다.

수입	지출
자산	부채

1. 수입 : 벌어들이는 자산소득과 근로소득 전체. 이것은 소득보다 큰데, 비용과 지출, 세금 이자, 혹은 기타 감가상각이나 할부상환을 내기 전에 들어오는 모든 현금을 포괄하기 때문이다. 수입은 소득과 다르다. 수입은 들어오는 모든 돈을 의미하고, 소득은 수입을 발생시키기 위해 필요한 비용을 뺀 나머지 돈을 의미한다.
2. 지출 : 나가는 돈을 모두 합한 것. 생활이나 사업을 유지하는 데 써야 하는 돈을 의미한다. 현금이 흘러나가는 경우를 말한다. 회계 용어로 쓰는 '경비expense'와 혼동하지 마라. 경비는 실제 돈이 나가지 않는 감가상각과 같은 공제 항목이다.
3. 자산 : 소유한 모든 것.
4. 채무 : 빚진 모든 것.

재무제표를 개인용과 사업용 모두 작성하라. 맞벌이 부부라면 각각의 소득과 비용을 수입과 지출 항목에서 따로 분리해서 작성하라. 상대의 재정 상태에 영향을 받거나 책임을 져야 할지도 모르기 때문이다.

아직 은행 계좌가 없다면 사업을 위해 하나 만들어라. 당신은 정부 요구에 따라 사업체를 적절히 구성해야 한다. 은행은 당신에게 정확히 어떻게 해야 하는지 알려줄 테고, 인터넷을 간단히 검색해보면 적절한 양식을 찾아내는 데 도움이 되겠다. 이것이 너무 복잡하다고 생각하면 잠시 미뤄뒀다가 회계사나 멘토, 코치에게 도움을 받아 회사를 설립하라. 하지만 각 사업의 재무제표는 지금 분리해두라.

손익계산서

이 두 항목에는 상황 분석에서 다루는 질문의 답을 기재한다.

1. 월수입은 어떻게 되나?
2. 월 지출은 얼마나 되나?

들어오는 수입을 수입 항목인 왼쪽에 기록하고, 지출을 오른쪽의 지출 항목에 기록한다.

1. 자산소득과 근로소득 모두와 최근에 구매한 장신구나 식당에서 매일 먹은 점심값을 모두 기재한다.
2. 세세하게 기록하라. 의심스러우면 그냥 넘어가지 마라.
3. 수입이나 소득이 일정하지 않으면 90일 평균을 써라. 편차가 심하면 6개월 평균을 써라.
4. 세금과 세무 관련 비용도 지출 항목에 기재하라.

모든 수입과 지출을 기록했다면, 계산해서 얼마나 남는지 혹은 모자라는지 살펴라.

대차대조표

아래 두 칸에 들어가는 이 항목은 상황 분석에서 다루는 3,4번의 질문의 답에 해당한다. '자산은 무엇이 있는가?'와 '부채는 무엇이 있는가?' 여기서는 두 가지가 드러난다. 순자산과 당신의 경제 습관·성향. 반복해서 말하는데, 사업 재정과 개인 재정은 모두 분리해야 하므로 이것을 기록하면서 자산과 부채를 제대로 기재하도록 주의하라.

당신이 소유한 것과 당신에게 가치 있는 것을 상자 왼편에 '자산'이라 기재된 곳에 기록하라. 은행, 신용카드 회사, 개인 등에 빌린 돈은 '부채'라고 기재된 칸에 기록한다. 전통적인 대차대조표에는 당신이 명백하게 소유한 금액, 즉 자기자본을 기재하지만, 여기서는 이를 순자산으로 계산하여 자산에서 부채를 뺀 것으로 본다. 어떤 사람은 순자산이 0이거나 음수일지도 모르지만, 부 창출 사이클 프로세스를 밟다 보면 상황은 바뀌게 된다.

네 칸을 모두 채우고 나면 상황 분석에서 5번째 질문으로 넘어가 "그밖에는?"이라고 자문할 차례다. 직장연금을 빠뜨리거나 친지에게 빌린 돈은 잊어버리지 않도록 주의하라.

이제 상황 분석 질문 1에서 5번까지 거치면서 실제 재무제표 숫자를 재정 상태 요약에 기입했으니, 기본 요소를 어떤 순서로 배치해야 할지 수가 떠오를지도 모른다. 예를 들어 재정 상태 요약을 보니 자신이 수입과 수입 보존 비율이 높지 않음이 드러났다면 현금 창출원, 법인으로 시작하여 예측하기, 부 창출 계좌, 자산, 부채 관리로 나아가야 한다. 또는 재정 상태 요약을 보니 부채가 심각하게 많다는 점이 나타났다면 부 창출 계좌로 시작하여 부채 관리, 현금 창출원, 법인, 예측하기, 그런 뒤에 자산 순으로 진행하는 것을 고려해야 하겠다. 소득은 꽤 되는데 손에 남는 돈은 얼마 되지 않고 놀고 있는 자산이 많다면 자산으로 시작하여 현금 창출원, 법인, 예측하기, 부 창출 계좌, 부채 관리로 진행해야 한다.

재정 상태 요약 평가는 꼭 해야 한다. 이 과정에서도 감정이 어느 정도 격해질지 모른다. 하지만 끝마치고 나면 스스로든 부기계원을 고용해서든 유지하기가 훨씬 쉬워질 테고, 부 창출의 길을 잘 걸어가게 될 것이다.

FINANCIAL FREEDOM

11

자유의 날

명확한 비전 제시와 더 많은 부의 획득

백만장자가 되는 길에서 내디뎌야 할 첫걸음은 비전을 만들고 명확하게 하는 일이다. 시작하기 전에 애초에 이것을 왜 하는지 생각해봐도 좋다. 비전은 목표보다 크다. 예를 들어 목표란 '빚에서 벗어나기' 따위다. 혹은 신차를 사거나 아이 대학등록금 지급하기가 될 수도 있다. 그러나 비전은 이런 모든 목표를 포괄하는 커다란 우산이기에 구체적인 전략으로 이를 지원하고 전술로 이를 뒷받침해야 한다.

비전이 무엇인지 이해하고 그것을 진정으로 원하는 일은 중요하다. 아직 어디로 갈지 생각하고 싶지 않다면 이 책은 당신에게 맞지 않을 테고, 결국은 당신이 원하지 않는 방향으로 끌고 가게 될 것이다. 어디로 가고 싶은지 생각하는 것은 당신 몫이다.

이 책을 읽는 당신을 위한 내 비전이 무엇인지 이야기함으로써 당신이 자신의 비전을 알아내도록 도와주겠다.

1. 비전 : 자산으로 충분한 현금흐름을 만들어내 수준 높은 생활을 누리고, 영원히 유지하고 싶은 최적의 삶을 살도록 뒷받침한다.

2. 전략 : 당신이 자산과 부를 점진적으로 때로는 기하급수적으로 쌓도록 도와준다.
3. 전술 : 기본 요소들의 순서를 적절히 배치하여 체계적이고 실질적이며 전략적으로 부를 창출하고 꾸준히 늘려나간다.

나도 여정 자체가 보상이라고 말하는 철학자들 말에는 동의한다. 여기에 온전히 빠져버리면 평생 지속하는 강박이자 욕망이 되기도 할 테니까. 하지만 나는 나침반이 고정적으로 가리키는 목표점이 있다면 여정이 훨씬 보람 있어지리라 믿는다. 자신의 비전을 명확히 하는 일은 당신 몫이다. 비전이 있으면 여기에 투자할 시간과 노력을 받아들이는 데 도움이 될 터다.

의욕을 잃지 않기 위해 비전에는 세 가지 요소가 필요하다. 힘이 솟아나게 할 정도로 흥분되는 비전이어야 하고, 실행 가능할 정도로 합리적이어야 하며, 가치관과 어긋나는 일이 결코 없어야 한다. 궁극의 소망, 어쩌면 어린 시절 이후로 잊어버린 꿈과 현재 이 순간의 삶, 양쪽의 균형을 맞추는 것이어야 한다.

비전을 정할 때는 '한계란 없다'는 사고방식에 따라가야 한다. 실패가 불가능하다고 가정할 때 인생이 어떤 모습이 될지 상상해야 한다. 이렇게 생각하면 비전이 커질 것이다. 우리 모두에게는 경제적으로 자유로워질 능력이 있다. 그 길을 선택하고, 그 능력을 써서 우리가 얻어야 할 것, 곧 경제적으로 자유로운 날을 누리는 것은 각자의 몫이다.

경제적으로 자유로운 날

비전이 그토록 중요한 까닭은 바로 이 때문이다. 명확한 비전이 없는 사람은 방향타 없는 배처럼 정처 없이 목적지도 모른 채 떠다닌다. 수평선에서 솟아오르는 기회를 잡으러 나아갈 수도 있으나, 침로를 벗어나 도달하지 못한다.

비전이 하나의 개념이나 아이디어라는 점을 고려하여, 그곳에 도달하기 위한 전략을 최적으로 수립하기 위해서는 측정 가능한 목표를 정해야 한다. 사례 연구에서 보았듯 자유로운 날을 선언하려면 다음을 정해야 한다.

1. 매달 현금흐름을 얼마나 발생시켜야 하는가?
2. 순자산으로 얼마를 원하는가?
3. 이를 달성하려는 년 월 일은 언제인가?

이 질문에 답하려면 경제 목표를 정해야 한다. 숫자를 적기 시작하면 다소 실망스럽게 느껴질지 모른다는 점을 나는 잘 안다. 순자산 300만 달러와 월 현금흐름 3만 달러를 50세가 될 때까지 만들겠다고 말하는 일과, 그렇게 하기로 다짐하고 현재 어떤 위치에 있는지 살펴보는 일은 다르다. 희망과 현실 사이의 간격 때문에 겁을 집어먹고는 제아무리 멋진 비전이라도 포기하는 경우도 있다. 이 시점에서 그 숫자들은 기준점이라고 보고, 장애물은 모두 새로운 교훈을 배워 더 잘 선택하기 위한 기회로 봐야만 한다.

첫 단계는 전체적인 경제 목표를 나열하는 일이다. 여기에는 자기 사업을 시작하겠다, 호화롭게 살겠다, 자선단체를 만들겠다, 아이를 모두 대학과 대학원에 보내겠다와 같은 내용이 들어갈 수 있다. 이것은 포괄적인 목표로 훨씬 상세하게 구상할 필요가 있다. 두 번째 단계는 그 목표를 실현하려면 정확히 얼마나 있어야 하는지 생각해보는 일이다.

우선 포괄적인 목표를 나열하라. 예를 들자면 순자산 1,000만 달러, 연 현금흐름 200만 달러, 샌프란시스코와 파리에 각각 집 한 채를 보유하고, 아이들 여름 캠프를 만들고, 적어도 매해 50만 달러를 기부한다.

다음으로 나열한 목표를 평가하여 우선순위를 정하라. 이때 중요도, 각 목표를 달성하는 데 걸리는 시간, 목표 달성에 필요한 돈을 고려해야 한다. 재정 상태 요약을 작성하면 현재 재정 상태를 토대로 각 목표에 이르는 데 얼마나 필요할지 알게 될 것이다.

세 번째 단계는 매달 얼마를 투자해야 목표에 도달하게 되는지 예측하는 일이다. 이 숫자는 부채 등을 정리하는 일과는 무관하다. 여기서는 비전, 곧 어디로 가려 하는가에 관해 이야기하고 있고, 이를 실현하기 위한 구체적인 행동 방침은 나중 이야기다.

가령 한 가지 목표가 아이를 대학에 보내고 학비와 책 구매비뿐 아니라 매월 들어가는 숙식비, 자동차, 자동차 보험료, 기타 유흥비 등까지 내주는 것이라고 해보자. 목표에 도달하기 위해 매달 얼마를 투자해야 하는지 결정하기에 앞서 몇 가지 변수를 채워 넣어야 한다. 이 변수는 시간, 총비용, 수익률, 곱수(총비용의 곱하는 숫자)다.

포괄적 목표 기록

목표 우선순위

1.

2.

3.

목표 투자 계획 계산

1. 목표 1번

도달에 걸리는 시간 :

도달에 필요한 비용 :

수익률 :

월 투자할 돈 :

2. 목표 2번

도달에 걸리는 시간 :

도달에 필요한 비용 :

수익률 :

월 투자할 돈 :

3. 목표 3번

도달에 걸리는 시간 :

도달에 필요한 비용 :

수익률 :

월 투자할 돈 :

매달 얼마를 투자해야 하는지 알아내려면 총비용을 곱수로 곱해야 한다. 다른 변수 두 개를 안다면 목표 도달에 걸리는 시간과 수익률, 은행이나 재무 상담 웹페이지나 소프트웨어에서 곱수를 재빨리 알아낼 수 있다.

이제 당신은 경제적 목표와 그 우선순위를 정했고, 그 목표를 달성하려면 월 얼마나 투입해야 하는지도 알았다. 이것을 할 수 있다고 믿어야 할 이유는 충분하다는 점을 강조하고 싶다. 실제로 그렇게 되면 믿을 수밖에 없을 것이다.

재정 상태 요약을 정리하고 자유의 날을 정의했으니, 이제 질문 7번에 답할 때다. "어떤 기술로 돈을 버는가?" 사례 연구에서 했듯 이것을 '기술' 항목에 기입하라. 이제 부를 이끌어나갈 준비는 끝났다.

TEAMWORK & LEADERSHIP

12
팀워크와 리더십

똑똑한 선원을 태우고
보물선의 키를 잡아라

각 사례 연구에서 보았듯 팀워크, 리더십, 사고방식 조정은 부 창출 사이클 프로세스를 뒷받침하고 이끌어간다. 자신의 부 창출계획을 고려하기 시작하는 지금이 각각에 대해 깊이 생각해볼 때다.

자수성가한 백만장자 따위는 없다. 멘토, 재정가, 현장 파트너, 동료 없이는 한마디로 불가능하다. 팀워크로 백만장자 되기는 서로의 협력으로 부를 쌓게 해준다.

팀을 구성할 때는 자신이 어떤 위치를 맡고 언제 맡는지 늘 인식하고 있어야 한다. 부 창출과정을 진행할 때는 결코 다른 사람에게 끌려가건, 리더로서의 역할을 포기하거나, 어떤 결정에 대한 책임을 넘겨줘서는 안 된다. 당신이 이 계획의 리더다. 그리고 최종 책임이 자신에게 돌아온다는 사실을 기억하는 한 당신은 사람들의 조언과 제안을 들어도 좋다. 사람이란 멘토와 코치로 이들은 당신에게 성장에 필요한 변화의 불편을 감수하라고 요청할지도 모른다. 당신이 전적으로 믿을 만한 코치를 선택했고 또 스스로 책임을 지겠다면, 그들 제안을 따르고 그들이 처방하는 방법을 취해보고, 불편을 감수하면서 성장할 수 있다. 최고의 리더는 훌륭한 추종자다. 그런 사람은 자신이 어디로 가는지 알고 자신감이 충분하여 자신을 그곳으로 데려다줄 훌륭한 리더를 찾아내기 때문이다.

팀워크로 백만장자 되기 공동체에 들어오면 우리가 서로에게 "누가 놀아보겠어요?"라고 묻는 모습을 보게 될지 모른다. 우리가 '논다'라는 단어를 쓰는 이유는 돈 버는 일이 재미있기 때문이다. 우리 모두 부 창출을 아주 진지하게 받아들이지만, 우리 팀에는 수년간 살아가기에 충분한 돈과 아이들을 잘 보살피는 사람이 여럿 있다. 투자는 흥미진진하면서도 재미있는 세계고, 우리 팀원 중 누군가 더 크고 멋진 게임을 찾지 않는 날은 오지 않을 것이다. 투자 상담자, 포트폴리오 매니저나 증권 거래인을 붙잡고 오늘 어떠냐고 물어보면, 그는 거래의 흥분과 함께 세세한 이야기를 들려줄 것이다. 장담하건대 투자는 재미있고 흥미진진하기가 돈보다 더해서, 우리 부 창출 팀은 거기에 완전히 빠져 있다.

만족스러운 게임이 아니었다면 우리 팀은 나를 도와주지도 않을 테고 나도 그들을 도와주지 않을 것이다. 내가 비전으로 그들을 사로잡았듯, 그들도 비전으로 나를 사로잡았다. 우리 부 창출 공동체에는 모두 함께 간다.

반드시 훌륭한 사람들로 구성된 훌륭한 팀을 짜서 성공을 이끌어가야 한다. 사실 오늘날처럼 복잡하고 빠르게 변하는 세상에서 스스로 모든 일을 전문적으로 해낼 시간과 재능이 있는 사람은 거의 없다. 당신은 최고로 안목 있는 똑똑한 거래 해결사이자 최고의 협상가일 수도 있지만, 대단한 세무 마법사나 법률 천재나 사무 관리자는 아닐 수도 있다.

멘토 찾기

멘토 찾기는 부 설계에서 핵심적인 첫 단계다. 도움보다는 방해가 되는 공동체에 속했거나 좌절 속에서 몸부림치고 있다면, 곧 멘토를 찾아야 한다. 멘토를 쉽게 찾는 사람도 있고 그렇지 않은 사람도 있다. 운 좋게도 옆집 사는 사람이 당신이 가장 존경하는 사람이라면 가서 문을 두드려라. 하지만 일반적인 경우여서 가까운 이웃 가운데 당신이 추구하는 더 크고 넓은 세상에 속한 사람이 없다면, 좀 더 멀리서 찾아야 한다. 팀워크로 백만장자가 되려면 네트워킹과 연줄을 만들어야 하고, 멘토와 리더와 비전가들로 구성된 공동체를 형성해야 한다. 다음은 멘토를 찾을 때 염두에 둬야 할 사항들이다.

야망을 전달하라

당신은 그저 자신의 비전을 사람들에게 이야기하고 공유하기만 해도 추진력을 얻기 시작한다는 점을 알게 될 것이다. 당신이 비전에 대해서나 더 큰 비전을 갖고 싶다는 바람에 관해 이야기해본 여러 사람 가운데 한 사람이라도, 그 비전에 대해 조언해주거나 조언해줄 수 있는 사람과 연결된다면 더 크고 좋은 인맥 형성에 훌륭한 토대가 될 것이다.

모든 자원을 끌어모아라

머리를 쥐어짜라. 고향, 학교, 친구의 친구를 통해 연이 닿는 사람들을 고려하라. 전화기를 들어 전화하라. 최악의 경우라 해봐야 그 사람 기분만 좋게 해주고 거절당하는 정도다.

구체적인 의도를 갖고 폭을 넓혀라

당신 삼촌은 세상에서 가장 똑똑하고 선량한 사람일지 모르지만, 재산이 적어도 100만 달러가 되지 않는다면 부 창출을 위한 멘토감은 아니다. 이 팀은 부를 창출하기 위한 조직이다. 그것이 구체적인 의도이자 목표이다. 그리고 친절과 부는 서로 배타적이지 않으므로, 두 가지 갖춘 사람을 찾으라고 권하고 싶다. 나쁜 사람과 함께 돈을 많이 버는 것은 당신 양심에도 바람직하지 않다.

가장 아닐 것 같은 사람이 가장 특별한 사람일지 모른다

부는 대부분 눈에 띄지 않는다. 좋은 차를 몰고 저택에 사는 사람이, 닳아빠진 트럭을 몰지만 낚시 가기 싫을 때만 일하는 것 같은 알부자 배관공보다 빚도 많고 순자산도 적을지 모르는 법이다.

설득력 있고 끈기 있게 하되 성가시게 하지는 마라

헤아릴 수 없이 많은 장애물을 헤쳐 나왔다면, 그에게 코치를 받기 위해 해야 할 일을 하겠다는 결의를 보여주는 행동을 취해야 한다. 나는 평생 여러 나라에서 온 여러 멘토를 만났지만, 그들에게 다가가는 방식은 매번 어느 정도 비슷했다. 대다수는 말만 하고 행하는 사람은 적으며, 최고의 멘토라면 귀찮게 구는 사람과 결의를 다진 사람의 차이를 감지할 수 있다. 당신에게 비전이 있다면 그것을 행동으로 보여주어야 하고, 그러려면 멘토를 찾는데 헌신해야 한다.

대본 읽는 멘토는 사양하라

현재 운영되는 재정 정보 제공 회사 가운데 당신에게 곧 당신을 도와줄 사람이 준비되어 있으니 전화하라고 권하는 곳이 있다. 경험으로 말하는데 그런 코치들은 콜센터에 앉아서 대본을 읽어주거나 자주 묻는 말의 답을 읊어주는 사람이다. 이것은 결코 받아들여서는 안 된다. 당신에게 필요한 코치는 당신에게 꼭 맞는 이야기를 해주고, 당신의 필요와 소망과 상황에 따라 조언해줄 사람이어야 한다.

팀 모으기

내게 더 큰 비전이 생기기 전에 내 삶과 결정들이 변하면서 내가 빠져든 상황이 바로 그러했다. 훌륭한 팀을 짜려면 경험이 필요하고, 그 과정에서 실수도 하게 마련이다. 당신은 경험을 쌓기 전에 팀을 만들어야 하므로 어느 정도 갈등에 대비해야 한다. 멘토에게 도움을 받아 적절한 사람들을 찾아낼 수 있어야 한다. 예를 들어 멘토가 적어도 백만장자라는 점을 고려할 때, 멘토는 당신을 도와줄 만한 회계사나 다른 회계사를 소개해줄 사람을 알고 있어야 한다.

우리 팀에는 전략적 파트너와 내부 관리 그룹이 있어서 내 궁극의 비전을 에워싸는 구조로 되어 있다. 그리고 비전이 커지고 바뀌면서 우리 팀은 한곳을 중심으로 서로 연결된 채 확장되어 나가면서, 화려하게 살고 부를 축적하려 열망하는 사람들 무리 속에서 여러 팀을 만들어내게 되었다.

아직 사랑할 때 헤어짐을 준비하라

인생이란 예측을 뛰어넘는 경향이 있으므로 계획도 사람도 변하는 성향을 보인다. 바로 그런 까닭에 나는 어떤 사업 관계에서도 아직 사랑할 때 헤어질 준비를 하라고 권한다. 경험해본 사람이라면 더 설명하지 않아도 알리라. 우리 모두 고통스러운 이별을 겪어보았고, 알다시피 이런 일은 이성적인 상태에서 일어나지 않는다.

몇 년 전 함께 사업하던 한 여성이 갑작스레 세상을 떠나고 말았다. 그 여성은 자신의 몫을 젊은 남자친구에게 남겨주었는데, 그 남자는 다른 사람들과 잘 어울리지 못하면서도 자기 몫을 내놓으려고 하지 않았다. 그는 사업을 물려받았고 우리는 그를 물려받았다. 그러자 일류 전략적 파트너 팀 전체가 미꾸라지 한 마리 때문에 고통받게 되었다. 결국 우리는 유일한 출구로 나아가기로 동의했고, 그 출구란 내키지 않는 사업체 매각이었다. 그 경험을 한 후 나는 주주 사망이나 이혼 시 그의 경영권을 살 수 있는 권리가 없으면 파트너가 되지 않았다.

참여해야 할 선수

좋은 팀에는 다음 선수가 있어야 한다.

1. 적극적인 코치로 활약하는 멘토
2. 부 설계자와 비전가들

3. 일류 법률 고문
4. 회계사
5. 최신 재무 전문가

여기에 다음이 있으면 최적이다.

1. 사모 발행, 기업 매수, 프랜차이즈나 특히 계약 등을 탐색할 수 있는 브로커
2. 사업 및 주거 부동산 브로커, 프로젝트 스카우터와 관리자, 계약자, 건축업자, 개발자와 같은 부동산 관련인들
3. 투자 기회를 아는 기타 전문가들

사업체가 있어서 운영하고 있다면 당신 팀에는 다음 전문가가 필요할 것이다.

1. 마케팅
2. 홍보
3. 재무
4. 운영
5. 유통

그리고 모든 팀에는 조직 내부 관리자로 일할 사람이 필요하다. 여기에는 다음과 같은 사람들이 포함되어 있다.

1. 행정
2. 보조
3. 부기계원
4. 그래픽 디자이너
5. 작가
6. 재무 분석가
7. 사무실 관리자
8. 컴퓨터 지원
9. 기술 고문
10. 판매원
11. 마케팅 전문가

당신의 소중한 시간을 부와 건강, 가족에게 더 많이 투자하게 도와줄 지원팀을 찾는 일은 이를수록 좋다. 어떤 팀을 구성하든지 그들은 당신의 비전에 매료되고 그 비전을 이루기 위해 행동할 사람이어야 한다. 팀은 움직여야 한다. 그저 말만 하거나 분석 마비증에 걸려 있어서는 안 된다. 그렇지 않으면 당신은 훨씬 똑똑해질지는 몰라도 훨씬 부유해지지는 못한다.

더 똑똑한 인력 구하기

우선 할 일은 각 분야의 선수들을 찾아내는 것이다. 이름, 전문 분야, 특별한 재능이 무엇인지 알아내라. 당신이 존경하는 사람들에게서 그들이 함께 일했던 사람들을 추천받고, 그런 뒤에 그들에게 다가갈 방법을 찾아라. 당신이 아는 가장 부유하고 성공적이고 인맥이 풍부한 사람에게 찾아가서 그들이 어떤 사람을 고용하는지, 당신에게 소개해 줄 생각이 있는지 물어라.

최고로 똑똑한 사람을 팀에 영입하려 하다 보면 먼저 가까워지고 난 뒤에 고용하기가 쉽지 않을지도 모른다. 하지만 시간과 노력을 쏟을 가치는 충분할 것이다. 나는 값싸고 쉽게 접할 수 있는 전문가들이 결국에는 더 비싸게 먹히는 경우가 종종 있다는 점을 알게 되었다. 부유한 사람들과 부 창출 전문가들은 시간이 돈이라는 사실을 알고 곧바로 핵심으로 들어가는 경향이 있다. 그들은 이미 몇 년에 걸쳐 요령을 터득했고 정확히 어디로 가야 하는지 알아냈으며, 대개는 가장 좋은 길이 어디인지 찾아낸 상태다. 다른 사람들이 몇 달씩 힘들게 애써도 못 하는 일을 전화 한 통으로 해내는 일도 자주 있다. 게다가 최고 전문가들은 내부 집단 가까이에 있다. 최신 산업 붐과 개발 건, 최고의 거래와 거래 해결사, 그리고 현재 무엇이 인기를 끌고 있고 그것을 달성하려면 무엇이 필요한지 안다.

오직 최고인 사람과 일한다는 평판을 쌓으면 오직 최고인 사람만 당신과 일하고 싶어 하게 된다. 최고들은 당신 스스로는 결코 찾지 못할 수지맞는 투자 건을 소개해줄 수도 있고, 누구를 피해야 하고 어떤 기회를 지나쳐 가야 하는지, 어떻게 하면 시간과 돈, 에너지를 낭비하지 않을지 조언해줄 수도 있다. 그들은 또 다른 최고들과 당신을 연결해주고 닫힌 문을 열어주기도 한다. 전문가는 다른 전문가와 알고 있고, 당신의 게임 수준을 높여줄 인맥이 있다. 그들은 당신이 더 크고 이윤이 남는 큰 도박에 참여하게 해줄 수 있다.

훌륭한 팀을 만들어 최고의 사람들과 일을 한다면 자신도 능률과 속도, 효율이 높아져 성장이 빨라지고, 일이 훨씬 만족스럽고 즐겁게 될 수밖에 없다. 최고와 일하면 더 높이 오르고 싶은 의욕이 생겨난다.

바닥에서부터 시작할 필요는 없다. 당신이 성취하려는 것은 무엇이든 이러저러한 형태로 이미 누군가 했던 일일 공산이 크다. 혼자 똑똑한 척 다하려고 하면서 진행을 늦추고 지지부진하기보다는 당신의 비전과 비슷한 일을 해낸 멘토를 찾는 데 시간을 들여야 한다. 경험과 노하우는 인맥과 마찬가지로 매우 중요하다. 다른 사람의 성장을 발판으로 삼아 동승하여 성장을 촉진하라.

만능 팀에서 자신의 위치가 무엇인지 정확히 모르겠다면 팀 리더로서 당신은 항상 팀이 비전과 그 비전을 뒷받침하는 전략과 이를 위한 전술을 향해 나아가도록 이끌어야 한다는 점을 기억하라. 이 전술들이 바로 여러 일을 해낼 수 있는 '만능선수'들의 직무 설명서다.

만능선수는 내가 전략적 파트너라 부르는 '최고 선수'와 마찬가지로 아주 중요하고 필수적이며, 최고를 뽑는 편이 낫다. 이들은 각 목표 달성에 필요한 서비스와 세부 계획을 제공하고, 궁극적으로 비전이 실현되게 도와준다. 현재 직접 모든 개인사와 사업의 세부사항을 처리하고 있다면 당신은 스스로 뒷덜미를 잡고 있는 셈이다.

부 창출에는 순교자, 그리니까 혼자서 다 할 수 있다고 믿는 사람들에게 특별히 이로운 점이 없다. 당신 스스로나 다른 사람들이 당신을 슈퍼맨이나 원더우먼으로 볼 수도 있겠고, 또 정말 그런 놀랍고 초월적인 능력이 있는지는 모르겠으나, 현실 세계에서는 일주일에 168시간 이상을 쓸 수 없다.

그동안 스스로 해오던 일을 다른 사람이 대신해 준다고 가정하자. 그리고 이때 여유로워진 시간을 이용해 가능할 거로 생각하는 멋진 돈벌기 방법들을 모조리 떠올려라. 시간을 들여 매달 어디에 돈을 쓰는지 알아냈듯, 시간을 어디에 쓰는지도 살펴보아야 한다. 문자 그대로 부 창출 과정에 쓸 수 있는 시간을 낭비하는 일이 도처에 산적해 있음을 발견하게 될지 모른다.

당신 팀이 성공할 거라는 느낌을 주면 최고 중의 최고가 당신 팀에 참여할 것이다. 뭔가 대단한 일에 참여하고 싶어 하는 사람은 많기에, 당신이 대단함을 향해 나아간다면 많은 이가 당신과 함께 가고 싶어 할 것이다.

책임감을 느끼게 하라

팀과 일할 때는 행동으로 책임지게 해야 한다. 모두가 한 곳에 집중하고 무엇을 해야 하는지 알면 일이 빠르게 발전한다. 행동 결과가 분명하게 측정된다면 당신 팀은 효율적으로 일할 것이다. 팀원에게 어떤 프로젝트나 임무를 맡길 때는 반드시 측정 시스템을 갖춰야 한다. 당신이 효율적일수록 다른 사람이 시간을 최대한 활용하여 돈을 절약할 수 있음을 잊지 마라. 효과가 있었던 공식은 다음과 같다.

1. 완료해야 할 일
2. 완료해야 할 시기
3. 완료해야 할 사람
4. 완료하도록 책임감을 느끼게 해줄 사람

위의 네 가지를 각각 나열하라. 마지막 단계는 건너뛰면 안 된다. 당신의 목표를 뒷받침하고 팀이 집중력을 유지한 채 길에서 이탈하지 않게 하려면 책임 파트너를 만들어야 한다. 이들은 일이 계획과 예정에 따라 완수되도록 보장하는 일을 맡는다. 책임 파트너는 당신에게 아직 완료하지 못한 임무들을 단계별로 사람들에게 알리라고 요청하고, 필요하다면 당신이 팀과 다시 협상하여 일을 마무리하도록 도와주고, 기타 방식으로 당신을 지원하고 돕는다.

책임 파트너는 지지할 뿐 비난은 하지 않는다. 희생양은 없어야 한다. 책임 파트너가 던지는 질문은 듣는 사람에게 목적을 상기시키고 그를 지원하기 위한 것이다. 일종의 내부 검토자처럼 팀원들이 집중력을 유지한 채 이탈하지 않게 해준다. 팀 플레이어가 결과에 적극적으로 관심을 보이면 힘든 일을 하는 사람들에게 힘이 된다.

일을 진행하다 보면 정신적 보급로가 필요해질 것이다. 당신이 믿고 존경하는 누군가를 꼭 가까이에 두어라.

좋은 리더와 팀 플레이어

리더는 영감으로 사람들을 이끈다. 사람들은 성공하는 사람들과 같이 일하고 싶어 하고 사업이라는 것에 마땅히 뒤따라올 에너지와 흥분에 굶주려 있다. 좋은 리더로서 당신은 팀을 다른 리더들로 채워야 한다. 그렇다고 주방장만 잔뜩 있고 칼질할 사람은 없게 하라는 말은 아니다. 자신의 역할을 수행하는 법을 알고 또 잘 해내는 강력한 인물들이 팀에 있어서 팀과 그들 자신에게 도움이 되어야 한다는 뜻이다.

당신은 부 창출 팀을 관리하지 말고 이끌어야 한다. 스스로 관리하는 만능선수와 최고 선수를 선택하라. 사사건건 관리하려고 들면 의도한 바가 무너지고 귀중한 시간만 낭비하게 된다. 당신 팀의 모든 선수는 반드시 당신이 제시한 비전에 들떠 있어야 하고 당신의 추진력에서 힘을 얻어야 한다. 그리고 당신이 그들에게 거래에 공정하게 참여할 기회를 주거나 그들이 한 서비스에 대가를 후하게 쳐주기에, 그들은 최대한으로 당신을 도우려 열망할 것이다.

리더십은 서로 협력하고 스스로 굴러가는 팀을 낳는다. 당신 팀의 누군가가 위압적으로 굴거나 당신의 비전을 혹평한다면 다른 사람으로 교체하라. 마음 없는 사람을 붙잡아두는 건 모두에게 시간낭비다. 당신이나 다른 팀원에게 부당한 일이다. 훌륭한 부 설계자에게 알짬이 된다고 생각하는 리더십 자질은 다음과 같다.

직관

직관은 누구나 타고나지만 언제인가 잃어버리게 되는 자질이다. 효과적인 부 설계자가 되려면 직관을 다시 불러들여야 한다. 십중팔구 당신은 어떤 일에서 자신이 옳음을 알고 그것을 느낄 수 있는데도 차마 말할 용기가 없을 것이다. 사람들의 전체적인 분위기에 반응하고 싶을 때, 또 그것이 거래를 성사시킬 수도 있고 망칠 수도 있는 것일 때, 나는 "느낌이 와요"라는 표현을 쓴다. 이 표현은 내가 느끼는 분위기를 말하는 데 유용하다. 그것이 바로 직관, 다시 말해 '가장 정교한 형태의 듣기'이기 때문이다.

듣기에는 세 가지 원칙이 있다. 대다수는 1차원에서 산다. 리더는 3차원에서 살아야 한다. 1차원 사람은 자기 말과 자기 머릿속에서 들리는 낡은 사고방식의 목소리와 매일 그들을 강타하는 자극과 인상 덩어리를 듣는다. 내 생각에 세상 사람 80%는 이 시끄럽고 혼란스러운 곳에서 살면서 바쁘게 반응하지만, 생산성은 별로다. 2차원 듣기는 다른 사람과 대화에 만족스럽게 사로잡혀 완벽하게 그 순간에 몰입하여 상대와 연결되는 방식이다. 3차원 듣기는 직관이다. 방 전체에 팔을 두른 채 거기서 일어나는 모든 일에 귀를 기울이는 것이다. 고요하게 언어를 초월하여 듣는 방식으로, 실제로 주변 모든 자원을 동원해 어떤 일이 일어날지 예상하는 것이다. 3차원 듣기에서는 빠르게 일어나는 사건 틈에서도 실제로 일어나는 일이 무엇인지 감지할 수 있는 차분함이 있고, 정신을 잃지 않는다.

훌륭한 리더들은 완벽해 보이는 숫자와 경영정보를 참고하면서도 최종적으로는 느낌에 의지해 결정을 내리는 모습을 볼 수 있다.

자기 관리

흔히 들리는 주장은 이와는 반대지만, 일을 해낼 때 시간 관리는 관건이 아니다. 활동과 에너지를 어떻게 관리하는가가 중요한 문제다. 앞에서 말했듯 적절한 때 적절한 일을 해야 하는 것이다. 그러려면 다음이 필요하다.

1. **순서 정하기** : 과정의 혼란에 붙잡히고 세부사항에 빠지거나, 비전에 현혹되어 망상으로 떠도는 사람이 너무나도 많다. 리더는 반드시 언제 어떤 단계를 밟아야 할지 알아야 한다. 하지만 리더도 가끔은 혼란에 빠지고, 그런 까닭에 훌륭한 리더에게는 언제 "어, 잠시만, 이것 좀 봐"라고 말해야 하는지 아는 코치와 멘토가 필요하다.
2. **일정표** : 목적지에 도달하려면 협상해서는 안 되는 일정표가 필요하다. 나는 대개 120일 목표를 정해 거꾸로 헤아려가며 일한다. 그러니까 내일은 119가 된다는 말이다.
3. **실질적인 보상 찾기** : 아이디어는 쉽게 나오지만 그것을 실현하기 위해 드는 노력은 전혀 다른 문제다. 결국 아무 보상이 없다면 애초에 노력할 필요가 없기에, 좋은 리더는 보상이 돌아올 가망이 있는지 아닌지 알아야 한다.
4. **촉매** : 촉매 작용은 비전 참여율을 높이고, 사람들이 잘 적응하는지 살피고, 서로 조화를 이루게 해주어 각 사람이 스스로 중요한 일을 한다고 느끼게 해주는 것을 의미한다. "내 밑에서 일한다"와 같은 표현보다는 "나와 함께 일한다"와 같은 표현을 쓰고 사람들이 원하는 위치에서 일하게 해주는 것이 참여율을 높이는 데 좋은 방법이다.

5. **구획화** : 우리는 한 가지 상황의 결과를 다른 상황에 파급되게 내버려두는 경향이 있다. 지나간 일은 되도록 빨리 잊어버리고 새로운 일을 준비해야 한다.

부 창출을 위한 진행 상태에 들어가면 효과적이고 생산적이어야 한다. 자기 관리 근육을 쓰고 적절한 곳에 적절한 문제를 배치해야 한다. 이렇게 하기 위해 필요하다면 메모를 하고, 믿을 만한 친구나 무엇이든 털어놓을 만한 친구에게 전화하거나, 가장 최근의 가장 좋은 아이디어들을 만능 선수에게 쏟아붓거나, 어떤 방법으로든 일을 해결하고 마음을 정리하라. 그런 뒤 머리를 비운 상태로 다음 상황을 맞아라. 회의는 결과를 끌어내고 다음 단계를 추진하기 위한 것이어야 한다. 회의 끝나고 나왔는데 시작하기 전과 똑같다면 그저 잡담만 했다는 뜻이다.

한걸음 앞서 나가라

리더의 필수 자질 한 가지는 미래를 보고 그 미래를 최대한으로 활용하는 방식을 만들어내는 능력이다. 일어나는 일에 반응하지 말고 주도적으로 안내하고 행동하라는 뜻이다. 리더는 상황을 뒤따라가지 말고 앞서가면서 예측하여 일이 갑작스럽게 닥치지 않게 해야 한다. 당신은 리더로서 현재의 사건과 미래의 가능성을 모두 살펴야 한다. 특정 부문에 투자하고 있다면 팀이 그 부문의 동향과 흐름을 따라가도록 이끌어야 한다. 특정 지역의 부동산을 매입한다면 그 지역의 장래성을 알아야 한다.

누구도 당신처럼 해내지는 않을 테지만 수많은 일이 일어나는 상황에서 모든 일을 당신이 해낼 수 없는 법이다. 좋은 리더는 다른 사람의 에너지와 노력으로 자신의 비전을 실현하면서 다른 사람들도 똑같이 할 수 있게 도와주는 사람이다. 부 창출 사이클 프로세스에서 당신은 리더가 되어야 한다. 이제 당신의 잠재의식이 이를 방해하지 않게 하는 방법을 살펴볼 때다.

The Millionaire Maker

CONDITIONING

13

사고방식 조정

돈에 관해 생각하고 이야기하고 행동하라

부 창출 시스템 프로세스를 시작하면 자신의 행동이 믿음 체계에 휘둘린다는 점을 알게 될 것이다. 당신 내면에서 이런 식의 대화가 오갈지 모른다.

"부자가 될 테야."

당신 의식이 말한다.

무의식이 말한다.

"네가 무슨, 넌 거짓말쟁이야."

믿음 체계는 두 가지 차원으로 움직인다. 의식, 곧 지성 차원과 잠재의식, 곧 미리 정의된 차원이 바로 그것이다. 사고의 한계란 각인된 패러다임일 뿐 큰 비전을 만들어낼 능력이나 잠재력과는 무관하다는 점을 이해해야 한다. 패러다임에 방해받지 않는 비전을 품으라고 권하고 싶다. 경제 사정이 달라지면 뇌에도 새롭고 진보적인 믿음들이 다시 입력될 것이다. 먼저 생각부터 바꾸어 '사고방식 → 행동'의 순서로 하라고 제안하는 프로세스와는 달리, 나는 당신이 먼저 행동하여 뇌가 거기에서 배운 바를 다시 입력하게 하는 '행동 → 사고방식' 순서로 해야 한다고 믿는다. 현재와 같은 믿음 체계를 갖는 데는 오랜 시간이 걸렸을 테고, 그런 사고방식은 강의나 생각 훈련에서 비롯된 것이 아니었다. 그것은 행동과 습관에서 비롯되었다. 그렇기에 행동으로 믿음을 바꿀 수 있다. 부 창출 사이클 프로세스에서는 먼저 원하는 모습이 되었을 때 하고 싶은 방식으로 행동하고, 뇌가 나중에 이를 받아들이게 한다.

앞서 말했듯 나는 네브래스카에 있는 농장에서 자랐다. 가족은 늘 돈을 벌기 위해 힘겹게 일했고, 그 결과 나는 늘 돈 버는 일과 힘들게 일하는 것을 동일시했다. 그런 믿음이 진실과는 전혀 다르다는 점도 모른 채 말이다. 스스로 인간 행동과 재무 전략에 관해 공부하면서, 나는 돈이 자신을 위해 열심히 일하게 만드는 사람이, 돈을 위해 열심히 일하는 사람보다 돈이 더 많아진다는 점을 배웠다. 백만장자 만들기 프로그램을 고안한 뒤로 나는 내가 혼자가 아님을 알았다. 나와 같은 신화를 믿었던 사람이 많았기 때문이다.

다른 여러 가지와 마찬가지로 사람, 인간관계, 음식, 건강 등 우리 믿음들은 부모, 선생, 살면서 접하는 다른 어른들에게서 비롯된다. 그리고 이것은 다시 그 전으로 거슬러 올라가 그들이 살았던 환경이나 그들이 부모에게서 배운 내용, 다시 그 부모의 부모에게서 배운 내용에서 비롯된다. 이 믿음들은 각인되어 있고 대개 잠재의식에 기록되어 있기에 늘 반복되어 나타난다. 누군가 깨뜨리기 전에는 그렇다. 당신은 그것을 깨뜨릴 수 있다. 돈에 관한 믿음은 다양하지만, 조사한 바에 따르면 두드러지는 몇 가지가 있다.

돈은 부족하다

우리 부모님 가운데는 대공황 시기를 거치면서 가구 전체가 결핍의 마음가짐을 갖게 된 시대에 살았던 분도 있다. 이들은 자식들에게 돈이 생기더라도 절제하며 써야 하고, 저축이 필수라고 가르쳤다. 다음 중 하나라도 마음에 떠오른다면, 당신도 이런 관심으로 보고 있고 만일의 사태가 닥칠지 모른다고 불안해하는 셈이다.

"절약이 곧 버는 것이다."

"저금에 손대지 마라."

"그럴 형편이 안 돼."

"돈은 어디서 샘솟는 것이 아니다."

이러한 위협은 돈을 두려워하게 만든다.

돈은 사악하고 더럽고 나쁘다

우리 부모나 조부모 가운데는 돈이 악행으로 가는 지름길이라고 믿는 분이 있다. 이것은 생존 경쟁의 단점과, 부 추구의 나쁜 면과, 지나치게 돈 많은 사람들의 뻔뻔함과 탐닉만을 보았기 때문이다. 어떤 이는 심지어 부자는 나쁜 사람이라고 믿기도 한다. 돈이 많은 사람은 부정직하다는 생각을 강조하는 영화나 소설도 있다.

"온유한 자가 땅을 물려받을 것이다."

이러한 예언은 돈을 멀리하게 만든다.

돈은 월 간격으로 들어온다

생계를 유지하는 가장 흔한 방법은 직장에 들어가거나 전문가로 고용되어 주급이나 연봉을 받는 것이다. 역사적으로 이는 가장으로서 안전하고 확실한 수입을 제공해주었다. 그러나 위험 수준은 대개 보상 수준을 따라가서, 하나가 낮으니 나머지도 낮았다. 대부분에게, 심지어 아주 일 잘하는 사람에게도, 회사에서 일하거나 전문가로 고용되는 상황은 기회를 가로막는다. 아주 독특한 예외들을 제외하고는 평균 회사의 평균 최고경영자도 억대 연봉을 받기는 하지만 수입은 별로 늘지 않는다.

"느려도 꾸준히 하면 승리한다."

이런 우화는 돈을 조심스레 대하게 만든다.

내겐 돈복이 없어

어떤 사람은 자기가 부자가 될 자격이 없다거나 자기에게 돌아올 몫은 없다고 여긴다. 부를 창출해 경제적 자유를 얻는 것은 누구에게나 가능한 일이다. 부유해지는 것은 우리 권리이고, 나는 사람들이 자기 권리를 요구하고 자신에게 부유해질 자격이 있음을 알았으면 한다. 돈을 번다고 누군가에게서 빼앗는다는 뜻은 아니다. 영화에서처럼 은행을 터는 일과는 다르다는 말이다. 돈을 벌면 기여할 능력도 향상되고, 또 그렇게 해야 한다.

"다른 사람은 몰라도 난 아니야."

이런 금언은 돈을 패배의식으로 바라보게 한다.

돈은 남자들 일이야

가족의 돈을 남자가 벌고 관리하던 시절이 있었다. 그리 오래된 이야기는 아니고, 어떤 독자는 그런 상황에서 자라났을지도 모른다. 성별에 따른 성향이 없지는 않아서, 이를테면 남자는 여자보다 주머니에 돈을 많이 넣고 다니고 투자할 확률도 높지만, 그 이유는 유전적인 것이 아니다. 이것은 오랫동안 잠재의식에 그릇되게 각인된 믿음에 불과하다. 우리는 돈이 성별을 가리지 않음을 이해해야 한다.

"남편에게 일용할 식량을 가져오게 하라."

이런 인식은 돈에 대해 무감각해지게 만든다.

돈은 좋은 약이다

어떤 사람에게는 쇼핑 치료가 상당한 효과를 발휘한다. 새로 산 블라우스로 고치지 못할 병이 없는 것이다. 한편 우리는 소비지상주의에 살고 있고, 불만족스러운 삶의 구멍들을 돈을 쓰는 것으로 채우려는 사람도 많다. 어떤 사람은 돈에 대해 일종의 권리가 있다고 믿게 되어 부모나 신탁 기금이 늘 자신에게 필요한 돈을 내주리라 가정하고, 그러다가 자신이 가진 것에 무신경해지게 된다. 이것은 비생산적인 악순환이다. 새 차가 낡아지고, 옷장이 옷으로 가득 차고, 장난감이 방에 하나 가득히 된다. 그렇다고 돈 주고 살 만한 멋진 물건이 없다는 뜻은 아니다. 결국 돈이란 즐거워야 하니까. 하지만 과식에서와 마찬가지로 엉뚱한 곳에 너무 많이 쓰면 누구라도 침체되고 슬퍼지기 마련이다.

"쓰러질 때까지 쇼핑하라."

이러한 폭탄 같은 메시지는 돈을 천시하거나 무시하게 만든다.

돈은 언제나 골칫거리다

수많은 사람에게 돈은 늘 문제였다. 청구서는 골칫거리였고, 이웃에게 지지 않으려 허세 부리기는 진 빠지는 일이었고, 기업가는 머저리라고 여겼으며, 인생에서의 지위는 고정되어 있었다. 거기서 부자까지 된다면 얼마나 힘들어질까. 돈은 정말 끔찍한 짐이고, 서류 작성이나 책임 문제는 말할 것도 없다. 이런 견해는 돈이 실제로 해결책이 아니라 문제라는 관점으로 이어진다.

"생존하기도 이렇게 어려우니, 성공은 말할 필요도 없지."

이러한 비관론은 돈과의 관계를 악화시킨다.

돈에 관한 이야기는 금기다

많은 사람이 돈에 관한 대화가 좋지 않다고 배우며 자랐다. 돈과 경제적 성공과 실패는 개인의 문제로서 논의해도 안 되고, 분명 가르쳐서도 안 될 일이라고 여긴다. 부모에게 얼마나 버는지 물어본 사람은 거의 없고, 지금도 배우자의 봉급을 모르는 사람들이 있다. 그 결과 의도하지 않은 결과가 나타나고, 배워서 성공하는 데 필요한 돈과 재무에 관해 실제로 대화하는 사람이 극히 드문 세상이 생겨났다

"그런 이야기는 상류 사회에서는 하는 게 아니란다, 얘야."

이러한 꾸짖음 때문에 돈에 무지해지게 된다.

이 각각의 예에서 당신의 부모가 의식적으로 다르게 생각하고 행동하려고 하지 않는 이상 당신도 그들과 같은 사고방식을 갖게 되었으리라는 점은 분명하다. 이와 같은 고리를 끊어버리겠다고 결심한다면,

당신의 자녀들이 돈에 대해 좀 더 생산적인 믿음 체계를 갖고, 돈과 좀 더 이로운 관계를 맺도록 가르칠 기회를 얻게 될 것이다. 자신이 무엇을 믿는지 이해하고 나면 그것을 바꾸려고 노력하면 된다. 여기에 나온 행동 지침을 따라가면서 멘토와 존경하는 친구들의 도움을 받아 행동을 바꾸자. 새로운 믿음 체계를 갖겠다는 바람을 공유하고, 멘토와 존경하는 친구들에게 당신 자신을 제한하는 잠재의식적 믿음을 지적해달라고 부탁하여 뇌가 행동을 따라가도록 가르치자. 이제 믿음을 고쳐 말하기부터 시작하라. 예를 들어 위에 언급한 예에 있는 대로 믿는다는 점을 알았다면 이렇게 하라.

1. “돈은 부족하다”를 “돈은 풍부하다”로 바꾸고 돈에 대해 과감해져라.
2. “돈은 사악하고 더럽고 나쁘다”를 “돈은 좋고 만족스럽다”로 바꾸고 돈과 가까이 지내라.
3. “돈은 월 간격으로 들어온다”를 “돈은 다양한 곳에서 들어온다”로 바꾸고 돈 벌 기회를 찾아라.
4. “내겐 돈복이 없어”를 “돈이 오기에 나보다 좋은 사람이 누가 있어”로 바꾸고 돈과 건강한 관계를 맺어라.
5. “돈은 남자들 일이야”를 “나는 돈에 대해 알고 이해할 수 있고, 그럴 테야”로 바꾸고 돈을 존중하고 관심을 기울여라.
7. “돈은 골칫거리다”를 “돈은 해결책이다”로 바꾸고 돈을 긍정적으로 바라보라.
8. “돈 이야기는 금기다”를 ”돈 이야기는 아주 중요하다“로 바꾸고 돈에 대해 잘 알라.

과감해지고 가까이 지내며 기회를 찾고 건강하게 대하고 존중하고 관심을 기울이고 긍정적으로 바라보고 잘 아는 것이 두려워하고 멀리 지내고 조심스러워하고 패배의식을 갖고 무관심하게 대하거나 존중하지 않고 부정적이며 무지한 것보다 얼마나 나은지는 훤히 보인다. 선택은 당신 몫이고, 당신은 길을 잘 걷고 있다. 지금 시작하겠다고 결심한 당신은 경제 의식을 높이고 삶을 바꿀 기회를 만들어낸 것이다.

자기충족적 예언

자신의 믿음 체계를 깊이 관찰하는 일은 행동을 바꾸는 데 중요한 시발점이다. 이 훈련을 하다 보면 그저 그것이 멍청한 믿음이었다고 생각하는 경우부터 실제로 몸이 아프게 되는 경우까지 다양한 반응이 나타날 것이다. 믿음 체계는 세포 수준까지 깊이 박혀 있어 새로운 믿음으로 바꾸려고 하면 몸의 모든 세포가 폭동을 일으키는 것도 당연한 일이다. 이러한 도전을 자신이 발전하고 있으며 옳은 일을 하고 있다는 증거로 보기를 권한다.

마음가짐을 평가하라

"돈은 ~이다"라는 문장을 완성한 뒤에 곰곰 생각해보라. 위에 언급한 믿음들을 보면서 자신과 맞는 것이 있는지 따져보라. 돈은 부족하다, 사악하다, 더럽거나 나쁘다, 월 간격으로만 생긴다, 남자들 일이다, 약이다, 골칫거리거나 금기다. 당신의 믿음은 이와는 전혀 다른 것일지도 모른다. 자신의 마음가짐이 어떠했는지 기억하려고 노력해보라. 그러면 부정적인 경우 바꾸고 긍정적인 경우 강화하는 데 도움이 될 것이다.

이 단계에서 자신을 길러준 사람을 평가하여 곁길로 빠지지 않는 것이 매우 중요하다. 당신이 잘되기를 그들이 가슴속으로 바라고 최선을 다했다는 점은 분명하고, 그들도 아마 문화적으로 흔히 받아들여지는 것을 배웠거나 돈에 대한 사고방식을 잠재의식적으로 인정했을 것이다.

평가해본 뒤에는 아주 중요한 단계를 밟아야 한다. 지난 3개월간 달력과 수표책을 조사하라. 어떤 사람이 정말로 전념하고 있는 부분이 뭔지 알려면 달력과 수표책을 보면 된다. 시간과 돈을 지출하는 유형과 항목을 살펴보라. 십중팔구 일상 활동과 지출 명세는 사고방식의 결과일 것이다. 생각이 바뀌면 활동과 지출 명세 역시 바뀔 것이다.

장벽을 뚫어버려라

이 문구를 뇌에 각인시켜라. 지기 위해서가 아니라 이기기 위해 하라. 주저하지 말고 단호해져라. 돈에 매달리고 돈을 보호하고 지키지 말고 넓히고 키워라. 두려워하거나 지나치게 조심하지 말고 흥분하고 열정을 품어라. 부자는 주도적이고 원하는 삶을 창조하는 사람이다.

말씨에 주의하라. 당신이 택하는 어휘는 생각을 반영할 뿐 아니라, 실제로 거기에 영향을 미친다. 예를 들어 '만약'이라는 단어는 불확실함을 나타내지만 '어떠할 때'라는 표현은 확실함을 나타낸다. 지금부터 꿈과 목표에는 '만약'이 아니라 '어떠할 때'라는 표현을 써라. 목표와 관련해서는 '만약'이라는 말이 입 밖으로 새어 나가지 않게 하라. 당신은 목적지에 도달할 것이고, 거기에는 의문의 여지가 없다. 단지 언제인지가 문제다. 지금 시작하라. "백만장자가 될 때, 나는 ~할 것이다"라고 말하라. 마찬가지로, 앞으로 할 것이고 할 수 있는 일에 "아니요"가 아니라 "네"라고 말하라.

마음과 심리를 바로잡아서 원하는 바를 강화해야지, 반대로 멀어지고자 하는 바를 지지해서는 안 된다. 재정적 잠재의식을 뒤집으려면 먼저 믿음을 바로잡으면 된다. 어린 시절부터 추려낸 돈에 관한 개념들, 이를테면 "돈은 벌기 어렵고 지키기는 더 어렵다"는 생각을 "돈은 후하게 들어오고, 지키고 불리기도 어렵지 않다"로 뒤집어라.

전문가들은 당신이 믿음을 말로 표현하고 그 말을 당신 자신과 주변 사람들이 들을 때 뭔가 분명한 일이 일어난다는 생각에 동의한다. 믿음을 고쳐 말할 때 당신은 자신에게 꿈을 선언하게 되는데, 이것은 꿈을 이루기 위한 첫걸음이다. 그리고 당신의 꿈이 무엇인지 크고 명확한 소리로 들을 때, 사람들은 당신이 진정 누구인지 더 잘 이해하기 시작하고 당신이 목표를 향해 가도록 추천인이나 방편 등으로 당신을 도와줄 수 있게 된다. 이것이 풍요의 사이클이고, 시작은 당신, 당신이 무엇을 믿는가, 또 무엇을 말하는가에 달려 있다.

새로운 관점을 받아들여라

사람들 대다수는 엄청난 부를 거머쥐게 되었을 때 삶의 명확한 비전이나 방향성을 잃게 된다. 의식을 통해서는 아니더라도, 현실에 순응하면서 진실로 만족스럽지 않은 것에 평생 헌신하겠다고 서약하는 사람이 너무나도 많다. 당신이 목적을 명확히 하고 비전을 세워 그것을 실현하기 위해 앞으로 나아가기 위한 기회는 지금이다.

'현 위치'와 '원하는 곳' 사이에 놓인 경제적 간격은 달성 가능한 과정이어야 하고, 상황 분석 첫머리에 기록하는 내용에는 부 발생에 전념하기 위한 동기가 담겨 있어야 한다.

금전 근육

누구에게나 금전 근육이 있다. 그저 쇠약해져 있을 뿐이다. 마라톤을 완주하겠다는 꿈이 있다면, 첫걸음은 아마도 운동화를 사고 근육을 스트레칭한 다음 몇 킬로미터 정도 달리는 일이 될 것이다. 마찬가지로 백만장자가 되겠다는 꿈이 있다면, 완주하는 데 도움이 되는 기본 요소에서 시작해야 한다. 백만장자가 되려면 경제적으로 건강한 상태가 되어야 하고, 그러려면 금전 근육을 단련해야 한다. 많은 사람이 미디어와 소비재 상품 회사와 연예계의 자극으로 건강에 지나치게 신경 쓴다. 건강 이야기는 기사와 저널을 도화선으로 일상 대화에 파고들어 사람들이 건강 연구, 다이어트, 의료 절차, 과학 용어에 숙달되게 해주었다. 사람들은 전혀 낯선 사람에게도 건강에 관해 아주 세부적으로 드러내는 데 아무런 거리낌을 느끼지 않는다.

건강이 육체적 삶을 지배하듯 돈과 재무는 경제적 삶에 영향을 미친다. 돈은 삶에서 가장 중요한 것은 아닐지 모르지만, 가장 크게 영향을 미칠 수도 있다는 점은 분명하다. 옳든 그르든 점점 많은 사람이 건강보다는 부로 자신을 평가하는 듯하고, 그런데도 돈과 재정에 관한 대화는 드물다. 대화한다고 해도 대개 월스트리트나 국가 신용카드 부채 따위만 이야기할 뿐 자신의 투자 포트폴리오나 빚처럼 개인적이거나 구체적인 내용은 언급하지 않는다.

백만장자가 되고 싶다면 이제 기반을 잡고 금전 근육을 길러 부를 향한 경주에 뛰어들어야 한다. 모든 훈련이 그러하듯 처음이 가장 힘겨울 것이다. 다소 몸이 쑤시기도 할 테고 재무에 집중하고 돈을 긍정적으로 대하는 새로운 행동에 적응하는 데는 시간이 좀 걸릴 뿐 아니라, 실제로 일정 시간을 투자해야 한다. 다시 말해서 이 프로그램을 하루 일정에 포함해야 한다. 이 역시 잠시 지나면 두 번째 천성이 될 것이다. 시간을 내서 조깅하거나 좋아하는 TV 프로를 보거나 명상하는 일처럼, 이런 일들을 일과에 더할 수 있듯 재정 프로그램 역시 마찬가지고 그 때문에 하루하루가 더 의미 있고 중요해질 것이다. 반복해 느끼지만 실질적인 것을 일정에 집어넣으면 알맹이 없는 것들은 사라진다. 당신이 발전하여 경제 감각이 생기면서, 이것이 점점 재미있고 흥미진진하게 느껴질 테고 점점 쉬워질 것이다. 이제까지 자신이 이것을 왜 하지 않았는지 믿기지 않을 것이다.

경제 의식

비전을 뒷받침할 새로운 경제 의식을 유지하려면 발전을 가로막을 몇 가지 지뢰를 알아야 한다. 그것이 있다는 사실을 알면 이미 반은 승리한 셈이다.

머릿속에서 들리는 작은 목소리가 계획을 망쳐놓으려 할 것이다. 이 소리를 피할 길은 없다. 머릿속에는 엄청난 잡음이 있다. 이것을 구성하는 요소에는 변명, 비난하기, 혼란, 지리멸렬한 대화, 합리화, 미루기, 산만함, 집중력 부족이 있다. 이에 관해 설명해줄 필요는 없겠다. 우리 모두 잘 알 테니까. 앞으로 나갈 때는 잡음을 차단해야 한다.

행동에 대한 인식과 실제 행동은 반드시 똑같지도 않고 아마 다를 공산이 크다. 의식과 무의식 사이의 괴리는 당신이 믿는다고 생각하는 바와 행동으로 드러나는 믿음이 다름을 보여준다. 자신의 믿음을 큰 소리로 말하기 시작하면 이러한 부조화가 당신 그리고 타인에게 분명히 드러나게 되고, 따라서 행동에 조화가 생기기 시작할 것이다.

마음속 시나리오에 사로잡힐 가능성도 있다. 우리가 머릿속에서 상상하는 이야기는 목격한 사건들, 대개 주변 어른들의 일에서 비롯되어 어릴 적 목격한 사건과 아주 비슷한 일이 일어나면서 계속 이어진다. 이것은 악순환이다. 이야기는 경험에서 비롯된다. 어떤 경험을 할 때마다, 우리는 감정과 이성으로 자신이 믿는 진실을 확인하거나 부인한다. 예를 들어 부동산에 투자했는데 실패해서 돈을 잃었다면, 교훈을 배워 새롭게 도전해보겠다고 마음먹을 수도 있고, 그 상황에 빠져서 갇혀버릴 수도 있다.

내 고객 중에는 자기 시나리오에 사로잡혀서 그것이 틀리다고 증명하느니 실패하는 쪽을 택하는 사람이 있었다. 그는 내가 세미나 중독자라 부르는 부류로, 쉬지 않고 자기 두려움을 확인시켜줄 정보를 찾아다녔다. 그는 밑천이 약 3만 달러가 있었는데, 사업을 하겠다는 욕망은 있었지만 밑천을 안전하게 지키기 위해서라면 무슨 짓이든 하려고 했다. 그것이 밑천을 통장에 묻어둔 채 질식시키고 조심스럽게 쓰는 것을 의미한다고 해도. 이러한 행동 이면에 숨은 논리는 그럴싸했고, 나는 그것을 하도 자주 봐서 아주 잘 이해하게 되었다. 그는 그 돈을 벌려고 매우 열심히 일했고, 그만큼 모으는 데 너무나도 고통스러웠기에 누구도 그 돈을 빼앗아가지 못하게 하려고 했다. 그는 분명히 돈을 조심스러워하고 두려워했지만 부를 일구겠다는 욕망도 있었다. 정신과 이야기가 조화를 이루지 못하고 있음이 명백했다.

그에게 3만 달러를 부 창출 자산에 투자하게 하려고 여러 차례 시도했으나 성공하지 못한 후, 나는 그 전략을 버리고 그의 현금 창출원을 개선하는 데 집중했다. 하지만 조금 노력하고 나자 그는 우리가 준비한 수익 발생 마케팅과 판매 전략을 모조리 거부했고, 아홉 달이 지나자 내가 아무것도 하지 않는다고 말했다.

그것을 최후의 단서로 나는 이 문제가 전략이나 제안으로 해결될 일이 아님을 깨달았다. 부자들은 행동한다. 누구도 당신 대신 게임에 참여해주지 않는다. 당신 스스로 게임을 해야 한다. 이제는 솔직하게 말할 때였다.

"당신 스스로 하지 않은 일이 뭔지 말해드리죠. 당신은 결정하지 않으려 했고, 어떤 조언도 받아들이지 않으려 했고, 우리가 마케팅 플랜을 짜도 행동 지침을 하나도 따르지 않았고, 우리가 세운 인맥 관리 계획도 지키지 않을 뿐 아니라, 우리가 분류하여 목표로 잡은 시장 어디에도 뛰어들지 않았어요. 아무것도 하지 않는 이가 누구란 말이죠?"

계획은 바꿀 필요가 없었다. 그가 마음만 바꿔먹으면 될 터였다. 결국 그는 그렇게 했다. 우리가 새로 윤곽을 잡은 간격 전략과 포지셔닝 전략을 따랐다. 공격적으로 인맥을 넓혔고 새로운 시장에 뛰어들었다. 그리고 가장 중요하게, 세상이 잘못되었다는 낡은 동기 때문이 아니라 성공할 거라는 믿음으로 그 모든 일을 행했다. 마침내 시나리오에서 벗어나게 된 것이다.

자신의 진실을 인식하지 못하면 계속해서 부정적인 진실을 확인시키는 일이 생길 것이다. 나는 의뢰인들에게 "멈춰 있지 말고 앞으로 나아가세요."라고 말할 때가 잦다. 당신이 새로운 진실을 선택했다면, 새로운 관점으로 각각의 경험을 돌아보고 더 나은 시나리오로 발전할 수 있다. 자기충족적 예언은 그것이 긍정적이라면 이롭다.

실제로 있지도 않은 경쟁에 압도당한다고 느껴질 수도 있다. 뉴스 속보를 발표한다.

"모두에게 돌아갈 몫은 충분하다고 합니다."

만일 당신이 파이를 크게 만들지 않으면서 똑같은 파이 조각을 놓고 모두와 싸우고 있다면, 엉뚱한 게임에서 엉뚱한 사람들과 경쟁하고 있는 것이다. 경쟁을 창조로 바꾸고 삶에 균형을 잡아라.

비전은 말보다 실천이 어렵다. 리더십을 공부하는 이에게 리더의 첫 번째 자질이 무엇인지 물어보면 비전이라고 말할 것이다. 비전을 품으려면 용기와 끈기와 헌신이 필요하다. 또한 비전을 품은 사람 주변에 지지해주는 배우자나 파트너, 이해해주고 동참해주는 자녀, 멘토, 변호사, 부기계원 등의 전문가로 구성된 좋은 팀이 있어서 각자의 역할을 잘 수행해줘야 한다.

비전을 포기하기는 쉬울지 모른다. 정체와 타성은 언제나 변화에

비해 쉽다. 그러나 포기를 생각할 때 다음을 잊지 마라. 보험 회사에서 발행한 회사 도표에 따르면, 특정 나이가 되어 퇴직하는 것만을 목표로 삼고 경제적으로 자유로운 것이 어떤 상태일지에 대한 비전이 없는 사람들은 목표한 나이에서 2년이 지나면 세상을 떠난다고 한다. 이들은 굳이 그 시점 이후의 삶을 계획하지 않았고, 그리하여 그 삶이 사라져버린 것이다. 그들이 당신과 같은 선택을 해서 더 큰 비전과 경제적 자유를 원했다면 모든 꿈을 이뤘을지도 모른다.

비전은 당신 것이다. 여정도 당신 것이다. 여정을 위해 당신이 모으는 팀과 비전을 실현하기 위해 취하는 행동도 모두 당신 것이다. 백만장자가 되고 싶다면, 반드시 자기 삶을 이끌어가려고 해야 한다.

부 창출 사이클 프로세스에서 행동하겠다는 서약은 타협 불가능한 필수 요소이고, 시작하기 전부터 믿음 체계를 바로잡지 않아도 괜찮다. 앞서 말했듯 나는 '행동'으로 생각을 바꾸고 강화할 수 있다고 믿는다. 그와 반대로 믿음을 바꾼 뒤에야 행동할 수 있다고 믿는 사람은 오래 기다려야만 한다. 먼저 행동함으로써 애초에 어떤 관념이 심어질 때와 마찬가지로 본능적인 반응을 이끌어낼 수 있다. 이렇게 할 때 변화도 더 오래 유지된다. 낡은 페인트칠 위에 덧칠하는 것이 아니라 낡은 칠을 벗겨내고 다시 시작하는 셈이기 때문이다. 불편하고 심지어 좌절감이 들지도 모르지만, 성장하고 있기 때문에 느끼는 감정이다. 행동이 곧 시작이다.

아들 로건과 내가 우리 호수 별장으로 차를 몰고 가는데 방송국 프로듀서가 전화했다.

"로럴, 재무 상담 프로그램을 해야겠어요."

"기시감을 느끼는 게 나인가요, 당신인가요?"

"정규 시리즈로 하고 싶어요. 임의로 선정된 사람들을 백만장자로 만들어줘야 해요."

"좋은 생각이군요."

"내 말 제대로 들었어요?"

"임의로 선정된 사람들을 백만장자로 만들어줘야 해요."

"맞아요. 장소와 사람 가리지 않고 고르면, 로럴이 그 사람을 부자로 만드는 거예요, TV에서."

"그런데요?"

"전화 안 끊으시네요."

"그래야 하나요?"

"할 수 있다고 생각해요?"

"물론 할 수 있지요."

나는 국도를 따라 북쪽으로 방향을 바꿨다.

"나도 그렇게 생각해요."

프로듀서가 힘찬 목소리로 말했다.

에필로그

"당신은 부 창출 사이클 프로세스를 만들어 시행할 것인가?"

상황 분석에서 여덟 번째 질문이다. 나는 의뢰인들이 '네'라고 답하고 행동하기를 바란다.

내 개인적인 비전은 '멋지게 살아라'에서 하는 사업이 세계적인 교육 센터가 되도록 확장하는 일이다. 동료들과 나는 힘을 합해서 이 공동체를 만들었고, 이 공동체는 먼저 줘야 받는다는 이상을 가치 있게 여긴다. 우리는 다른 사람들도 이처럼 하기를 바란다. 이것은 부 창출 지식으로 더욱더 많은 사람을 감싸서 이 나라의 머리를 깨우고 백만장자의 나라로 만들 때까지 계속되어야 한다. 우리가 모두 깨어 있는 삶을 살아간다면 얼마나 훌륭해질지 보라. 우리나라가 어떤 이유에서든 소비 나라가 된 것을 보면 국민 전체가 단합하여 움직일 힘이 있음은 분명하다. 그 능력을 뒤집어서 생산적인 방향으로 바꾸자.

이 아이디어를 받아들이는 사람마다 다르게 생각할 테고 모두가 다르게 행할 테지만, 나와 내 동료들은 그것을 장려한다. 당신은 스스로 원하는 게임, 자신의 가치체계에 맞고 당신이 궁극적으로 바라는 바와 어울리는 게임에 뛰어들어야만 한다. 부 창출 공동체의 핵심은 협력과 팀워크이지만, 우리는 서로 의존하지 않는다. 우리는 건강하고 책임감 있는 관계를 원한다. 우리는 각자 자신의 시나리오를 짜고, 자신만의 부 창출 사이클 기본 요소 순서를 따라가고, 자신만의 계획을 짜야 한다. 마치 전사처럼 그 역할을 맡아라. 상황을 직시하고 이것이 당신을 위해 일하게 하라. 풍요는 넘치도록 많다. 차지하지 않는 게 문제다. 부 설계자란 단지 깨어서 소리 내 이야기하는 사람, 다시 말해 의식적이고 사려 깊게 살아가는 사람이다. 이제 두려움에 부딪혀 두려움을 깨뜨릴 때다.

새로운 것을 원한다면 오늘 새로운 일을 해야 한다. 여기에는 결승점이 없다. 우리는 항상 가능한 일을 계획해야 한다. 근면함, 계획 짜기, 그리고 자신이 원하는 바를 알기, 이것이 더 나은 곳으로 가는 데 필요한 것이다. 기회는 끊임없이 소용돌이치고 있다. 우리 각각이 최고를 받을 자격이 있다고 믿었다면, 우리 자신과 타인, 그리고 우리가 나눌 그 모든 것을 더 믿었을 테고, 그 기회를 한가득 움켜쥐기 위해 팔을 뻗었을 것이다.

할 수 있다고 말하라. 스스로 서서, 멋지게 살아가며 책임감을 가져라. 당신은 그런 기회를 받을 자격이 있다. 당신은 이제 가능한 것을 위해 계획하고 경제적 자유와 부를 향해 나아갈 준비를 마쳤다.

감사의 글

'로럴의 빅 테이블Loral's Big Table' 회원은 물론 '멋지게 살아라Live Out Loud' 공동체의 모든 사람에게 진심으로 감사의 말을 전하고 싶다. 이들은 백만장자가 되기 위해 나를 찾아왔고, 나를 믿고 모든 일을 우리 팀에 맡겨주었으며, 결국 꿈을 실현했다.

백만장자 클럽의 회원 수를 하나라도 더 늘리기 위해 밤낮없이 뛰고 있는, 각 분야의 전문가로 구성된 나의 팀원들에게도 고맙다고 말하고 싶다. 팀원들이 있었기에 부채에 시달리며 하루하루 고된 일과를 보내던 이들의 '부 창출 사이클'은 완성될 수 있었으며, 백만장자 클럽의 회원 수는 지금 이 순간에도 착실하게 늘어가고 있다.

이 책이 나오기까지 큰 도움을 주었으며 언제나 나에게 멋진 아이디어와 깊은 교훈을 가르쳐주는 밥 프록터, 제이 콘라드 레빈슨, 샌디 보트킨, 쳇 홈스, 로버트 기요사키, 마크 빅터 한센, 브라이언 트레이시에게도 꼭 감사하다고 말하고 싶다.

당신도 부자가 될 수 있다

1판 1쇄 인쇄 2022년 1월 20일
1판 1쇄 발행 2022년 1월 31일

지은이 로럴 랭마이어
옮긴이 김해온
펴낸이 최태선
펴낸곳 라이온북스
등록 제313-2005-000221호
주소 04022 서울시 마포구 동교로 70 소와소빌딩 3층
전화 02.3142.4364
팩스 02.6442.4364
이메일 lionbooks@naver.com
종이 타라유통
인쇄 조광프린팅
용지 표지 : 아르떼 190g
본문 : 미색모조 100g

ISBN 978-89-94643-88-5 03320

• 값은 뒤표지에 있습니다.
• 잘못된 책은 구입하신 서점에서 교환해 드립니다.